Die Herausgeber

William Arrowsmith, geb. 1924 in Boston, USA, klassischer Philologe und Literaturwissenschaftler; Studium und Promotion in Oxford und Princetown University, außerdem 10 Ehrendoktorate. Herausgeber aller griechischen Tragödien bei der Oxford University Press. Arbeiten über antike Literatur, T. S. Eliot, Ruskin, Pavese, Montale, Nietzsche, Antonioni u. a., Übersetzungen aus dem Altgriechischen, Lateinischen, Japanischen, Französischen, Deutschen und Italienischen. Er ist zur Zeit Professor für klassische Philologie an der Emory University in Atlanta und Gastprofessor an der New York University.

Lawrence Durell: »Arrowsmith is that rare animal – a creative translator: there is only one born in each generation usually who can transplant his original blood, bone and sinew. Arrowsmith is such a translator and we are all in his debt.«

Michael Korth, geb. 1940 in Niedersachsen, Musik- und Literaturhistoriker, Studium in Salzburg. Herausgeber des Musikprogramms des Artemis Verlages. Als Fachmann für die Liedkunst des Mittelalters, ediert und übersetzt er die Werke mittelalterlicher Dichterkomponisten und schreibt Fachartikel und Rundfunksendungen über dieses Thema.

Die Auswahl der Reden, die Textgestaltung und die einführenden Kommentare stammen von William Arrowsmith, das Vorwort, die Bildauswahl und die Übertragung der Reden und Kommentare aus dem Amerikanischen von Michael Korth.

WILLIAM ARROWSMITH · MICHAEL KORTH

MEINE WORTE SIND WIE STERNE SIE GEHEN NICHT UNTER

REDEN DER INDIANERHÄUPTLINGE

GOLDMANN VERLAG

Made in Germany · 12/86 · 1. Auflage
Genehmigte Taschenbuchausgabe
© 1984 by Dianus Trikont Buchverlag GmbH, München
Umschlaggestaltung: Design Team München
Umschlagillustration: Doris & Marion Arnemann, Hamburg
Satz: Fotosatz Glücker, Würzburg
Druck: Presse Druck, Augsburg
Verlagsnummer: 8597
ST / Herstellung: Gisela Ernst
ISBN 3-442-08597-7

Inhalt

Vorwort

Als die Europäer in Nordamerika eindrangen und das Land Schritt für Schritt eroberten, stießen sie auf eine Kultur, die ihnen primitiv und barbarisch erschien. Wie alle Völker, die durch die Nutzung der schriftlichen Fixierung von politischen Ereignissen und Vorgängen ein Geschichtsbewußtsein und eine staatliche Organisation entwickelt hatten, die jeden einzelnen Bürger erfaßte und ihn einer Klasse zuordnete, blickten sie mit der Selbstgerechtigkeit der weißen Rasse auf die »Primitiven« mit ihrer urgemeinschaftlichen Lebensform herab.

Zu Beginn waren die »Wilden« zwar für die Eindringlinge äußerst nützlich als Wegkundige im unerforschten Gebiet, als Beschaffer von Nahrungsmitteln und später auch als Späher und Verbündete in den kriegerischen Auseinandersetzungen zwischen England und Frankreich um den Besitz der nordamerikanischen Kolonien, doch schon kurz nach der Gründung der ersten europäischen Niederlassung Jamestown (1607) kam es zu Konflikten zwischen Indianern und Engländern. Damit begann die jahrhundertelange Elendsgeschichte der Unterwerfung, Vertreibung, Deportation, Diskriminierung und Massenvernichtung der nordamerikanischen Urbevölkerung. Die Ursache dieser Tragödie lag in der Gier der Weißen nach dem »ungenutzten« Land der Indianer. Nur wenige Amerikaner erkannten die Eigenart und Qualität der indianischen Kultur, wie zum Beispiel der Ethnograph und Maler George Catlin (1796-1872) oder der Dichter Washington Irving (1738-1859) und setzten sich für ihre Erhaltung und die Rechte der Indianer ein. Der Großteil der Missionare, Militärs und Regierungsbeamten dagegen suchten mit fanatischem Eifer aus den

»Wilden« zivilisierte, gottesfürchtige, nützliche Menschen zu machen, indem sie ihnen westliche Segnungen wie Höllenlehre, Zucht und Ordnung, Schuldienst und anderes mehr aufzwangen, womit sie die indianische Kultur systematisch zerstören wollten.

Vergangene Epochen oder außereuropäische Kulturen differenziert zu erfassen, fällt selbst Fachleuten schwer. So sagt zum Beispiel Jacob Burckhardt (1818-1897) in der Einleitung zu seiner meisterhaften Darstellung *Die Kultur der Renaissance in Italien*: »Die geistigen Umrisse einer Kulturepoche geben vielleicht für jedes Auge ein verschiedenes Bild ... und leicht könnten dieselben Studien, welche für diese Arbeit gemacht wurden, unter den Händen eines anderen nicht nur eine ganz andere Benutzung und Behandlung erfahren, sondern auch zu wesentlich verschiedenen Schlüssen Anlaß geben.«

Diese Worte erklären, warum jede Zeit, jede Gesellschaft und jede Generation ihre spezifische Anschauung über eine fremde Kultur oder eine ethnische Gruppe hat. Wissenschaftler, Schriftsteller, Politiker und Journalisten prägen das Bild einer Kulturepoche oder historischen Gestalt, das in der Folge oft zu einem Klischee erstarrt wie jene des »finsteren Mittelalters« oder des »guten Kaisers Franz«.

Für die meisten Amerikaner der Grenzgebiete waren die Indianer in der ersten Hälfte des 19. Jahrhunderts »Eine Bande elender, schmutziger, verlauster, diebischer, verlogener, mordender, hinterhältiger und glaubensloser und dreckfressender *Stinktiere*, wie sie nach dem Willen des Herrn, nirgends sonst die Erde vergiften und für deren sofortige und endgültige Vernichtung *Menschen* beten sollten.«[1]

Dieses negative Bild war zweifellos durch Fakten geprägt worden, auf die sich die meisten Berichte stützten. Die halbzivilisierten Indianer im Grenzland – um ihr Land betrogen, verarmt und entwurzelt, ihrem sozialen

---

[1] Aus einer Zeitung aus Kansas um die Mitte des 19. Jahrhunderts. Zitiert nach S. Golowin, Indianer – Portraits & Mythen, Dreieich, 1981.

Gefüge entrissen, vom Alkohol demoralisiert, von Krankheiten geschwächt und dezimiert – waren tatsächlich eine durch die Glücksgüter der Zivilisation ins Elend geratene Gruppe seelisch und moralisch gebrochener Menschen. Natürlich gab es Ausnahmen wie den ehemals gefürchteten Häuptling Geronimo, der sich nicht korrumpieren ließ und stolz auf Almosen des Staates verzichtete. Aber selbst diese aufrichtige Haltung wurde ihm von den Puritanern verübelt: »Jagen konnte er nicht mehr, denn das Wild war nicht mehr da. Stehlen durfte er nicht, denn er stand unter dem Gesetz. Arbeiten wollte er nicht, denn sein Stolz verbot es ihm. Darum schnitzt er sein Leben lang Pfeile und Bogen und verkauft sie an Touristen.«[1]

Doch während der heldenhaften Kämpfe der letzten freien Stämme im Westen unter ihren legendären Häuptlingen Sitting Bull, Chief Joseph, Red Cloud u. a. wandelte sich ab Mitte des vorigen Jahrhunderts das Indianerbild. Die Indianerschau, mit der Bill Cody (Buffalo Bill) von Stadt zu Stadt zog, die Fotografien der imposanten Häuptlinge, mit denen geschäftstüchtige Fotografen bei der bürgerlichen Gesellschaft der Ostküste für Aufregung sorgten, Catlins Reisedokumentation und seine exotischen Darstellungen aus dem Leben der Indianer und schließlich auch Coopers Indianerideal im *Lederstrumpf*, brachten den zuvor verachteten »Wilden« plötzlich die Sympathie der Öffentlichkeit ein. Und genau zu der Zeit, als im Westen die letzten freien Indianerstämme von US-Soldaten abgeschlachtet und die wenigen Überlebenden in trostlose Reservate gesperrt wurden, entstand an der zivilisierten Ostküste wie auch in Europa jenes romantische Indianerbild, das heute noch in der amerikanischen und besonders europäischen Gesellschaft nachwirkt. Dazu haben nicht wenig literarische Grimassen, wie die des Super-Kitschiers Karl May um die Jahrhundertwende, beigetragen. Dieses Bild erfuhr durch das Massenunterhaltungsmittel Film mit seiner Schwarz-

[1] E. v. Hesse-Wartegg, Nord-Amerika, 3, Leipzig 1880, S. 8.

weiß-Malerei von Gut und Böse ab den zwanziger Jahren eine neuerliche Veränderung: hie die für Recht und Ordnung kämpfenden Weißen, dort die schurkischen Indianer. Der Höhepunkt dieser Negativ-Darstellung wurde mit den sattsam bekannten Westernfilmen der fünfziger Jahre erreicht. Als sich in den sechziger Jahren die weißen Filmhelden in den abgedroschenen Wildwestklamotten allmählich zu Tode siegten, holten Drehbuchautoren den verschollenen edlen Wilden wieder hervor. Damit kamen sie einem Bedürfnis weiter Bevölkerungskreise entgegen, denn soeben entdeckte die junge ökologische Bewegung die sinnvolle Lebensweise der Indianer in der Natur. Enthusiastisch wurde alles, was die Indianer, ihre Geschichte, ihr Denken und ihre Einstellung zur Umwelt betraf, aufgegriffen und kritiklos verbreitet. Ein eklatantes Beispiel dafür ist die Baptisten-Fassung der Rede des Häuptlings Seattle, die gegenwärtig unter dem Titel *Wir sind ein Teil der Erde* in Deutschland und anderen deutschsprachigen Ländern grassiert. Wie diese Fälschung zustande kam und auf welche Weise sie verbreitet wurde, wird weiter unten erläutert.

Die begeisterte Aufnahme der Pseudo-Rede Seattles und ihre enorme Verbreitung sind ein sicheres Indiz dafür, daß das alte romantische Indianerbild wieder auflebt. Das hat seine Gründe. Angeekelt von den Auswüchsen der westlichen Zivilisation, besorgt um die bedrohte Umwelt und voll Angst und Furcht vor einem atomaren Holocaust fragen sich viele Amerikaner und Europäer, ob die Entwicklung der Zivilisation in den westlichen Industriestaaten nicht einen falschen Weg eingeschlagen hat. Sie sehnen sich nach einem natürlichen, einfachen, sinnvollen Leben. Das Kulturbewußtsein der westlichen Industrienationen ändert sich. Bedeutende Wissenschaftler wie Ivan Illich stellen die jahrhundertealte Art der westlichen Bildung, ihre Vermittlung und ihre Inhalte in Frage, neue Technologien die Arbeit als Wert an sich; die Versteppung fruchtbaren Bodens infolge jahrzehntelangen Raubbaus entlarvt den Fortschrittsglauben, daß durch die Technik alles auf dieser Welt machbar sei, als selbstmörderische Naivität.

Einiges von dem aber, was heute Gegenstand wissenschaftlicher Untersuchungen ist, wurde seinerzeit von Indianern, die nicht lesen und schreiben konnten, bereits erkannt. Damit erhalten die vor rund hundert und mehr Jahren treffend formulierten Einsichten der Häuptlinge eine verblüffende Aktualität. Einige Beispiele: »Sie beschmutzen unsere Mutter (die Erde) mit ihren Gebäuden und ihrem Abfall. Sie zwingen unsere Mutter, zur Unzeit zu gebären. Und wenn sie keine Frucht mehr trägt, geben sie ihr Medizin, damit sie aufs neue gebären soll. Was sie tun, ist nicht heilig.« (Häuptling Sitting Bull, 1866).

»Der rote Mann hat keine Bücher. Und wenn er sagen will, was er denkt, spricht er mit dem Mund wie seine Väter vor ihm. Er hat Angst vor dem Schreiben. Wenn er spricht, weiß er, was er sagt. Die Schrift ist eine Erfindung der Weißen. Sie gebiert Krieg und Leid. Der Große Geist spricht.« (Häuptling Cobb, 1843).

»Meine jungen Männer werden niemals arbeiten. Menschen, die arbeiten, können nicht träumen, und Weisheit kommt aus Träumen.« (Medizinmann Smohalla, um 1890).

Aber auch die heutigen Stammesältesten indianischer Völker warnen vor dem Verlust von Weisheit und Träumen – »Mein Volk braucht nicht mehr Arbeiter, mein Volk braucht mehr Träumer«[1] (ein Algonqin-Häuptling in der Provinz Quebec in den siebziger Jahren) –, und die Sprecher der Indianerbewegung zitieren in ihrem Dialog mit dem weißen Amerika, und sofern ihnen die Gelegenheit eingeräumt wird, vor den Vereinten Nationen zu sprechen, immer wieder die Worte ihrer Vorfahren. Von Sitting Bull zu Russel Means ist der Übergang nahtlos; beide be- und verurteilen die Zerstörung der Erde aus der Weltsicht ihrer Ahnen, beide bedienen sich der Kraft der Rede, ungeachtet der Tatsache, daß die

[1] Die Rückkehr des Imaginären, S. 337-338, Dianus-Trikont, München 1981.

herrschende Gesellschaft erst Beachtung schenkt, wenn es gedruckt ist.

Zeitgenössische indianische Intellektuelle wie Vine Deloria, die um die Rechte der heutigen Ureinwohner kämpfen, halten das Edieren von Reden der alten Häuptlinge für überflüssig.[1] Sie sehen darin eine historische Verklärung, die nicht ihrer Sache dient, ein neuerliches Aufwärmen des romantischen Indianerbildes, das von den aktuellen Problemen zwischen Weißen und Indianern ablenken soll. Aus seiner Sicht hat Vine Deloria recht und manche progressive Ethnologen vertreten dieselbe Auffassung. Der Literaturhistoriker aber hat ein anderes Interesse. Für ihn sind diese Reden Dokumente einer vergangenen Sprachkultur, Zeugnisse einzigartiger Dichtung, deren Großteil, da die Indianer nur die mündliche Tradition kannten, verlorengegangen ist. Um so bedeutender ist es daher, daß einige Tausend solcher Reden aufgezeichnet wurden. Sie liegen, bis heute im großen und ganzen unveröffentlicht, im Nationalarchiv in Washington.

Die meisten Reden sind amtliche Dokumente, die von Regierungsdolmetschern bei den Verhandlungen zwischen Häuptlingen und Regierungsvertretern auf Englisch mitgeschrieben wurden, da die Häuptlinge im allgemeinen nur ihre eigenen Sprachen beherrschten. Andere Reden wurden von schreibkundigen Indianern später aus dem Gedächtnis oder nach Berichten von Augenzeugen formuliert, wieder andere von weißen Indianerfreunden überliefert. Die einzigen Quellen dieser Texte bilden also Übersetzungen ins Englische. Wie genau ein Text überliefert wurde, lag an der Sprachkenntnis, der Gewissenhaftigkeit und an der Begabung des Übersetzers. Daß dabei manches später für das Leserpublikum literarisch aufgebessert worden ist, liegt auf der Hand. Das mußte bei der Textgestaltung berücksichtigt werden. Das Kriterium für die Aufnahme einer

---

[1] Vine Deloria Jr., Gott ist rot – Eine indianische Provokation, Dianus-Trikont Buchverlag, München 1984.

Rede in diese Sammlung bildete die Sprachkraft des Autors.

Reden wurden vor der Erfindung des Magnetophons der Nachwelt selten überliefert. Seltene Ausnahmen sind die Worte großer Rhetoriker wie Jesus Christus oder Sokrates, die deshalb erhalten sind, weil von ihrer Kraft, ihrem dichterischen Reichtum und ihrer Weisheit eine Faszination ausging, die sich unauslöschlich im Gedächtnis der Hörer festsetzte und bewirkte, daß einige von ihnen das Gehörte aufschrieben. (Auf dem Papier vorformulierte, abgelesene Texte sind keine Reden, da ihnen etwas ganz Entscheidendes fehlt: das spontane Element.)

Reden von Vertretern besiegter Völker, unterworfener ethnischer oder sozialer Gruppen, zerschlagener Oppositionsparteien werden in der Regel schon deshalb nicht festgehalten, weil der Sieger ein besonderes Interesse daran hat, das Gesagte aus dem Bewußtsein zu verdrängen, denn die Aufzeichnung einer solchen Rede birgt die Gefahr, daß das darin enthaltene Gedankengut die Besiegten aufs neue mobilisiert.

Außerdem würden die Worte des Besiegten in den meisten Fällen das vom Sieger entworfene Bild des Gegners und seine moralische Rechtfertigung in Frage stellen. Vercingetorix' Rede an Cäsar nach der Niederlage der Arverner, vermutlich ein Zeugnis überragender menschlicher Größe angesichts der Unterwerfung seines Volkes nach einem verzweifelten Kampf um die Freiheit, ist, wie der größte Teil der Reden der Besiegten, nicht erhalten. Sicher würden Vercingetorix' Worte Cäsars Darstellung der Eroberung Galliens, *De Bello Gallico*, in einem anderen Licht erscheinen lassen. Daher sind die hier vorgelegten Reden auch wesentlich mehr als nur Zeugnisse einer raren Gattung der Literatur.

Häuptling Seattle

Im Januar 1855 schloß Isaac Stevens, der Gouverneur des Territoriums Washington, einen Vertrag mit den Duwamish-Indianern aus Puget Sound bei Point Elliot, das ist jene Stelle, die heute das Zentrum der Großstadt Seattle im Staat Washington bildet. Entsprechend den Bedingungen des Vertrages waren die Duwamish bereit, in ein kleines Reservat nördlich von Seattle umzusiedeln. Das offizielle Protokoll dieser Verhandlungen enthält den Text der Rede des Gouverneurs, eine kurze Antwort von Seattle, dem Häuptling der Duwamish, und die einzelnen Punkte des Vertrages. Im Nationalarchiv in Washington gibt es keinen Hinweis auf die hier abgedruckte Rede von Seattle. Das ist der Grund, warum Zweifel an ihrer Authentizität aufgekommen sind.

Die Fakten: Im »Seattle Sunday Star« vom 29. Oktober 1887 veröffentlichte einer der ersten Siedler, Dr. A. Henry Smith, seine Version einer Rede von Häuptling Seattle. Er behauptet, die Rede auf Englisch mitgeschrieben zu haben, während Häuptling Seattle sie in der Sprache der Duwamish vortrug. Smith' Version ist offensichtlich im hohen, gestelzten Ton der viktorianischen Epoche abgefaßt. Es ist unvorstellbar, daß ein Häuptling jener Zeit eine Rhetorik dieser Art verwendet haben könnte. Die »schwindelnde Höhe« des Stiles ist ein weiterer Grund, warum die Authentizität der Rede bezweifelt wird. Andererseits aber klingt sogar noch durch Smith' schwülstige Version unverkennbar eine faszinierende Kraft und Schönheit. Unter der Patina literarischer Rhetorik ist ein Text verborgen, den meiner Meinung nach kein Weißer jener Epoche verfaßt haben kann. Zusätze, poetische Verschönerungen und gutgemeinte Verbesserungen verhüllen einen harten Kern komplizierter und scheinbar mühelos hervorgebrachter Dichtung und Gedanken, die das Merkmal indianischer Rhetorik dieser Epoche sind. Zugegeben, keine offizielle Mitschrift einer Rede von Seattle vermittelt den Eindruck echter Sprachkraft, aber zu seiner Zeit hielt man Seattle für einen außergewöhnlichen Redner, und die Rede, die Smith überliefert hat, ist einzigartig. Smith versichert und betont, daß sich Seattle bei *dieser* Gelegenheit geweigert hat, seine Rede in Pidgin-Englisch oder Chinook zu halten, Sprachen, die Gouverneur Stevens bei seinen Verhandlungen mit Indianern bevorzugte. Seattle hat in diesem Fall über etwas gesprochen, das nur sein Volk anging, daher hat er die Rede an seine Stammesangehörigen in deren eigener Sprache gehalten. (Bei Verhandlungen in weniger verbreiteten Indianersprachen verzichtete Gouverneur Stevens oft auf Übersetzer. So waren die kleineren Indianerstämme gezwungen, in einer der gängigen Indianersprachen, in Pidgin-Englisch oder in Chinook, einer hoffnungslos ausdrucksschwachen Indianersprache, zu verhandeln.) Das kann die Erklärung dafür sein, warum im offiziellen Protokoll die Rede weggelassen wurde; sie wurde nicht nur in Duwamish, sondern auch vor einer hauptsächlich indianischen Versammlung gehalten. Somit war sie nicht Teil der offiziellen Verhandlungen.

Viel später, im Jahre 1932, wurde Smith' verschnörkelte Version in einer noch mehr aufgeputzten und künstlich aufgedonnerten »Übersetzung« von einem gewissen John M. Rich herausgebracht (Chief Seattle's Unanswered Challenge, Seattle, 1932). Vor billigen Stereotypen triefend und mit sentimentaler christlicher Frömmelei überzogen, kann man Rich' Text auf einen Blick als Fälschung erkennen. (Rich' Text basiert auf Smith' Version als einziger Quelle.) Die offensichtliche Fälschung dieser Fassung hat weiteren Zweifel an der Authentizität der Rede Seattle' aufkommen lassen.

Meine Absicht ist eine ungewöhnliche, aber vielleicht doch legitime Form der »Übersetzung«. Sicherlich geht sie weit über das hinaus, was man im allgemeinen unter

»edieren« oder »adaptieren« versteht. Aber es ist auf keinen Fall nur eine Überarbeitung von Smith' Version. Das Ziel, das ich vor Augen hatte: 1. die entstellende anglo-amerikanische Rhetorik von Smith und Rich abzuschälen, um den Kern und die Struktur des Textes freizulegen, den ich in seiner Substanz als authentisch betrachte; und 2. die Rede in ihrer ganzen Tiefe gedanklich zu erfassen, ihr Fundament zu durchleuchten und sie nach den besten Modellen, die ich finden konnte, wieder aufzubauen, und zwar in den Grenzen, die die Sprachen und das Vorstellungsvermögen der Nisqually oder Salishan setzen. Meine Vorbilder waren die Indianerreden dieser Epoche, so, wie sie von den sensibleren und gewissenhafteren Übersetzern, die die Kultur der Indianer erfaßt hatten, aufgezeichnet wurden. Aus diesen Reden konnte ich Rückschlüsse auf die Dynamik der Bilderfolge und die poetische Logik indianischer Redekunst ziehen. Zugegeben, das ist eine intuitive und keine exakte Methode, aber die einzige Alternative dazu wäre, die Redekunst der Indianer – Reden von archaischer Kraft wie die von Seattle und Tecumseh – in eine dünnblütige verfälschte Form zu bringen – jene Form, in die die weißen Völker des Westens mit ihrer Art des *Schauens* und *Benennens* den gesamten Kosmos zwängen. Diese einengende Form beraubt die Indianer und auch uns Weiße meiner Meinung nach der einzigen echten Gegenkultur zur westlichen Zivilisation, wenn man von den großen, revolutionären, leider aber auch oft entstellten Literaturen der Antike absieht.

Häuptling Seattle

Häuptling Seattle besuchte gerne die Galerie der University of Washington, um sich an den Gemälden zu erfreuen. Dort ließ er sich im fortgeschrittenen Alter fotografieren. Es ist die einzige Aufnahme, die es von ihm gibt.

Meine Worte sind wie Sterne –
sie gehen nicht unter

Brüder: Der Himmel über uns hat mit unseren Vätern viele hundert Jahre Mitleid gehabt. Für uns sieht er immer gleich aus, aber er kann sich ändern. Heute ist er klar, morgen kann er mit Wolken bedeckt sein.

Meine Worte sind wie Sterne. Sie gehen nicht unter. Was Seattle sagt, darauf kann sich der große Häuptling in Washington[1] ebenso verlassen, wie sich unsere weißen Brüder auf die Wiederkehr von Sommer und Winter verlassen können.

Der Sohn des Weißen Häuptlings[2] sagt, sein Vater sende Worte der Freundschaft und des guten Willens. Das ist freundlich von ihm, wissen wir doch, daß er unsere Freundschaft nicht braucht. Sein Volk ist zahllos wie Gras, das die Ebenen bedeckt. Mein Volk ist klein und zerstreut wie die wenigen vom Sturm geschüttelten Bäume im Grasland.

Der große – und wie ich glaube, gute – Häuptling der Weißen schickt uns die Nachricht, daß er unser Land kaufen will. Aber er will uns genug lassen, damit wir sorglos leben können. Vielleicht ist das großzügig, denn der rote Mann hat keine Rechte mehr, die man achten müßte. Es mag sogar sinnvoll sein, da wir ein so großes Stück Land nicht länger brauchen. Früher bedeckte mein Volk dieses Land wie eine vom Wind getriebene Woge den muschelbesäten Sand. Aber diese Zeit ist vorbei und die Größe und Macht der Stämme heute fast schon vergessen.

Aber ich will nicht das Dahinschwinden meines Volkes beklagen. Noch will ich unseren weißen Brüdern die Schuld daran geben. Vielleicht haben auch wir ein wenig Schuld. Wenn unsere jungen Männer über beabsichtigte oder scheinbare Kränkungen in Zorn geraten, machen sie sich die Gesichter mit schwarzer Farbe häßlich. Dann sind auch ihre Herzen häßlich und schwarz. Sie sind hart, und ihre Grausamkeit kennt keine Grenzen. Und unsere alten Männer können sie nicht hindern.

Hoffen wir, daß die Kriege zwischen dem roten Mann und seinem weißen Bruder für immer zu Ende sind. Wir haben alles zu verlieren und nichts zu gewinnen. Junge Männer halten Rache für Gewinn, selbst wenn sie ihr eigenes Leben verlieren. Aber die alten Männer, die im Krieg zu Hause bleiben, Mütter, die ihre Söhne zu verlieren haben – sie wissen es besser.

Unser großer Vater in Washington – denn er muß nun unser Vater sein wie er euer Vater ist, seit George[3] seine Grenze nach Norden geschoben hat[4] – unser großer und guter Vater sendet uns Nachricht durch seinen Sohn, der zweifellos ein großer Häuptling seines Volkes ist, daß er uns beschützen wird, wenn wir tun, was er möchte. Seine tapferen Soldaten werden ein starker Wall für mein Volk sein, und seine großen Kriegsschiffe werden unsere Häfen füllen. Dann können unsere alten Feinde im Norden – die Haidas und Tsimshians[5] – nicht länger unsere Frauen und alten Männer ängstigen. Dann wird er unser Vater sein und wir seine Kinder.

Aber kann das jemals sein? Euer Gott liebt euer Volk und haßt das meine. Er legt einen starken Arm um den weißen Mann und führt ihn bei der Hand, wie ein Vater seinen Sohn führt. Er hat seine roten Kinder verlassen. Er macht euer Volk stärker – Tag um Tag. Bald werdet ihr das Land überfluten. Mein Volk aber schwindet mit der Ebbe dahin, wir kehren nie mehr zurück. Nein, der Gott des weißen Mannes liebt seine roten Kinder nicht, sonst würde er sie in seinen Schutz nehmen. Jetzt sind wir Waisen. Und niemand ist da, der uns hilft.

Wie können wir da Brüder sein? Wie kann

euer Vater unser Vater sein und für uns sorgen und uns Träume an eine große Zukunft schicken? Euer Gott hat seine Wahl getroffen. Er kam zum weißen Mann. Wir haben ihn nie gesehen, nicht einmal seine Stimme gehört. Er gab uns des weißen Mannes Gesetze, nie aber hatte er ein Wort für seine roten Kinder übrig, deren Scharen einst dieses Land erfüllten wie Sterne den Himmel.

Nein, wir sind zwei getrennte Rassen, und getrennt müssen wir bleiben. Es gibt nicht viel, was uns verbindet.

Uns ist die Asche unserer Väter heilig. Ihre Gräber sind heilige Erde. Ihr aber seid Wanderer, ihr laßt die Gräber eurer Väter hinter euch zurück und kümmert euch nicht darum.

Eure Religion wurde auf steinerne Tafeln geschrieben mit dem eisernen Finger eines zornigen Gottes, damit ihr sie nicht vergeßt. Das kann der rote Mann nicht verstehen und nicht im Gedächtnis bewahren. Unsere Religion, das sind die Lebensformen unserer Väter, die Träume unserer alten Männer, die ihnen der Große Geist schickt, die Visionen unserer Häuptlinge. Und das ist in das Herz meines Volkes geschrieben.

Eure Toten vergessen euch und das Land ihrer Geburt, sobald sie jenseits des Grabes unter den Sternen wandeln. Schnell vergessen kehren sie nie wieder zurück. Unsere Toten vergessen niemals diese schöne Erde. Sie ist ihre Mutter. Sie lieben sie immer neu, und sie erinnern sich an die Flüsse, ihre großen Gebirge, ihre Täler. Sie sehnen sich nach den Lebenden, die einsam sind wie sie und die sich nach dem Tode sehnen. Und ihre Geister kehren oft zurück, um uns zu besuchen und uns zu trösten.

Nein, Tag und Nacht können nicht miteinander leben.

Der rote Mann zog sich stets vor dem eindringenden Weißen zurück, wie der Dunst in den Bergen vor der Morgensonne weicht.

Darum scheint euer Angebot gerecht, und ich glaube, mein Volk wird es annehmen und in das angebotene Reservat gehen. Wir werden abseits leben – und in Frieden. Denn die Worte des Großen Weißen Häuptlings sind wie die Worte der Natur, wenn sie zu meinem Volk aus dem großen Dunkel spricht – einem Dunkel, das uns umhüllt wie der Nebel der Nacht, der vom Meer her ins Land zieht.

Es ist gleich, wo wir den Rest unserer Tage verbringen. Es sind nicht mehr viele. Die Nacht der Indianer wird dunkel sein. Keine Sterne erhellen ihren Horizont. Der Wind ist traurig. Das Schicksal jagt den roten

Mann, bis er nicht mehr kann. Wohin er auch geht, überall hört er den nahenden Schritt seines Jägers, und er macht sich zum Sterben bereit, wie das waidwunde Reh, das den Schritt seines Jägers hört.

Nur ein paar Monde noch, nur ein paar Winter, und kein Kind der großen Stämme, die einst unter diesem endlosen Himmel lebten und die jetzt in kleinen Gruppen durch die Wälder streifen, wird mehr übrig sein, um an den Gräbern eines Volkes zu trauern, das einst genauso stark und genauso voll Hoffnung war wie das eure.

Aber warum soll ich das Dahinschwinden meines Volkes beklagen? Völker bestehen aus Menschen, nichts anderem. Menschen kommen und gehen wie die Wogen der See. Eine Träne, ein Gebet zum Großen Geist, ein Grabgesang, und sie sind unserm sehnsuchtsvollen Blick für immer entschwunden. Selbst der weiße Mann, dessen Gott mit ihm wandelt und spricht wie der Freund zum Freund, kann dem alle einenden Schicksal nicht entgehen. Es kann sein, daß wir trotz allem Brüder sind. Wir werden es sehen. Wir werden euer Angebot bedenken. Wenn die Entscheidung gefallen ist, geben wir euch Nachricht. Sollten wir zustimmen, stelle ich hier und jetzt die Bedingung: Niemals, zu keiner Zeit, darf uns das Recht verweigert werden, die Gräber unserer Väter und Freunde zu besuchen.

Jeder Teil dieser Erde ist meinem Volk heilig. Jeder Hügel, jedes Tal, jede Lichtung und jeder Wald ist heilig im Gedächtnis und im Herzen meines Volkes. Selbst die stummen Steine am Strand bringen Erinnerungen und Ereignisse im Leben meines Volkes für mein Volk zum Klingen. Die Erde unter unseren Füßen antwortet liebevoller auf unsern Schritt als auf euren. Sie besteht aus der Asche unserer Väter. Unsere nackten Füße spüren Verwandtschaft. Die Erde lebt und ist kostbar durch unsere Vorfahren.

Die jungen Männer, die Mütter und Mädchen, die kleinen Kinder, die hier einst lebten und glücklich waren, lieben noch immer diese einsamen Plätze. Und abends sind die Wälder dunkel durch die Gegenwart der Toten. Wenn der letzte rote Mann von dieser Erde verschwunden ist und die Erinnerung an ihn nur noch eine Legende der Weißen, dann werden diese Strände noch immer von den unsichtbaren Toten meines Volkes belebt sein. Und wenn die Kinder eurer Kinder glauben, sie seien allein in den Feldern, den Wäldern, den Geschäften, den Straßen oder in der Stille des Waldes, so sind sie nicht allein. Es gibt keinen Platz in diesem Land, wo ein Mann allein sein kann. Nachts, wenn die Straßen eurer Dörfer und Städte verstummt sind und ihr meint, sie seien leer, werden sich dort die Geister unserer Ahnen drängen, die früher diese Plätze belebten und liebten. Nie wird der weiße Mann allein sein.

Darum soll er gerecht sein und meinem Volk sein Recht lassen. Auch die Toten haben Macht.

Medizinmann Smohalla

Smohalla war ein Wanapum-Schamane vom Columbia River und einer der bedeutendsten religiösen Führer der nordamerikanischen Indianer. Sein Einfluß als Stifter und Wegbereiter des Träumerkultes erstreckte sich über den gesamten Nordwesten der Vereinigten Staaten und trug entscheidend zum tragischen Nez-Percé-Krieg Ende der siebziger Jahre des 19. Jahrhunderts bei. Später war Smohalla einer der führenden Männer der Geistertanz-Bewegung. Im wesentlichen war der Träumerkult eine konservative Reaktion der Indianer auf den Einbruch der anglo-amerikanischen Zivilisation und eine Erneuerung und Bekräftigung des tiefverwurzelten Glaubens der Indianer des Nordwestens. Der Kern dieser Religion basierte auf dem Kult der Erdmutter. Die Heiligkeit und der Kult der Erdmutter wurden durch die Ausbeutung und Verwüstung durch den weißen Mann bedroht, der hartnäckig das Ziel verfolgte, den Indianer von der Jagd abzubringen, um ihm den Ackerbau aufzuzwingen. Das wichtigste Ritual dieses Kultes bildeten die Nacht-Tänze der »Träumer« – Tänze, die dazu bestimmt waren, das aus den Wäldern verschwundene Wild und die alten Lebensformen zurückzurufen und die Kultur der Weißen vom Gesicht der Erde zu fegen. Smohallas Redegabe und Geschicklichkeit, sein zäher, erfolgreicher Kampf um den Widerstand, machten ihn zu der legendärsten Gestalt unter den Indianern und auch bei den Weißen.

Im Gegensatz zu Seattles Rede ist der Text von Smohalla, wie auch bei einigen der folgenden Reden, nur leicht überarbeitet worden.

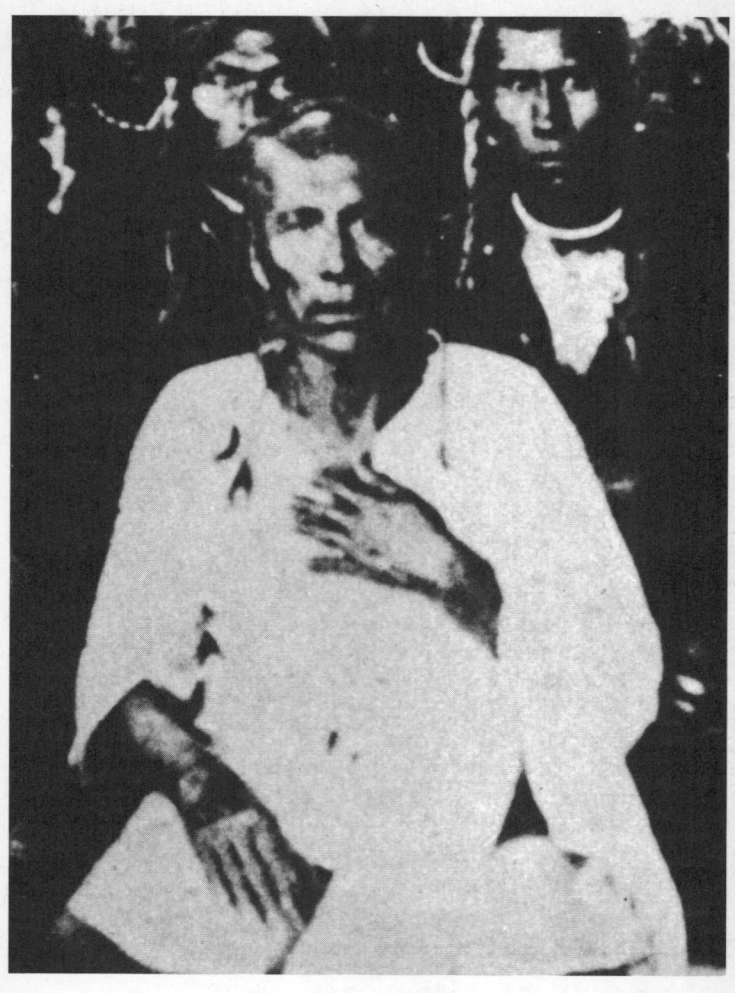

Medizinmann Smohalla
Die Fotografie zeigt Smohalla während einer Zeremonie des Träumerkultes. Da er gegen die Weißen und ihre Kultur eine unverhohlene Abneigung hatte, kann das der Grund sein, warum keine weiteren Bilder von ihm existieren.

Weisheit kommt aus Träumen

Jene, die das Land zerhacken oder Kaufverträge für Land unterzeichnen, werden ihrer Rechte beraubt und Gottes Zorn spüren ... Es sind schlechte Worte, die aus Washington kommen. Es ist kein gutes Gesetz, das mein Volk von mir abwendet und es zwingt, gegen die Gesetze Gottes zu verstoßen.

Meine jungen Männer werden niemals arbeiten. Menschen, die arbeiten, können nicht träumen, und Weisheit kommt aus Träumen. Ihr verlangt, daß ich die Erde pflügen soll. Soll ich ein Messer nehmen und die Brust meiner Mutter zerfleischen? Wenn ich dann sterbe, wird sie mich nicht an ihre Brust nehmen, damit ich ruhen kann.

Ihr verlangt, daß ich nach Steinen graben soll. Soll ich unter der Haut meiner Mutter nach Knochen graben? Wenn ich dann sterbe, kann ich nicht in ihren Leib eindringen, um neu geboren zu werden.

Ihr verlangt, daß ich Gras mähen und Heu machen soll, um es zu verkaufen, um reich zu werden wie der weiße Mann. Aber wie kann ich es wagen, meiner Mutter das Haar abzuschneiden.

Es ist ein schlechtes Gesetz, und mein Volk kann es nicht befolgen. Ich wünsche, daß mein Volk hier mit mir bleibt. Alle Toten werden wieder erwachen. Ihre Geister werden ins Leben zurückkehren. Darum müssen wir hier, im Land unserer Väter, warten und bereit sein, sie im Schoß unserer Mutter zu treffen.

In den neunziger Jahren wurde Smohalla bei sich zu Hause in Priest Rapids am Columbia River von E. H. Huggins besucht. Sein Bericht über die Begegnung mit Smohalla enthält folgenden bemerkenswerten Dialog:

HUGGINS: Das Land füllt sich mehr und mehr mit Weißen und ihren Herden. Fast alles Wild ist verschwunden. Würde es da nicht für eure jungen Männer besser sein, die Arbeit des weißen Mannes zu erlernen?

SMOHALLA: Meine jungen Männer werden niemals arbeiten. Menschen, die arbeiten, können nicht träumen, und Weisheit kommt aus Träumen.

HUGGINS: Aber eure jungen Männer müssen zur Zeit des Fischfangs doch auch hart arbeiten, um Vorräte für den Winter zu sammeln.

SMOHALLA: Diese Arbeit dauert nur ein paar Wochen. Außerdem ist es eine natürliche Arbeit. Sie schadet ihnen nicht. Die Arbeit des weißen Mannes dagegen verhärtet Seele und Leib. Und es ist nicht recht, die Erde zu zerhacken, wie es der weiße Mann tut.

HUGGINS: Aber ihr grabt doch auch nach Wurzeln. Sogar jetzt graben deine Leute nach Camaswurzeln in den Bergen.

SMOHALLA: Wir nehmen nur die Gaben, die uns freiwillig geschenkt werden. Wir verletzen die Erde nicht mehr, als der Finger des Säuglings die Brust seiner Mutter verletzt.

Der weiße Mann aber reißt riesige Flächen

des Bodens auf, zieht tiefe Gräben, holzt Wälder ab und verändert das ganze Gesicht der Erde. Ihr wißt sehr gut, daß das nicht recht ist. Jeder aufrichtige Mann weiß in seinem Herzen, daß das gegen die Gesetze des Großen Geistes verstößt. Aber die Weißen sind so habgierig, daß sie sich darüber keine Gedanken machen.

HUGGINS: Du sagst, Weisheit kommt aus Träumen, und alle, die arbeiten, können nicht träumen. Aber der weiße Mann, der arbeitet, kennt viele Dinge und kann viele Dinge machen, die dem Indianer unbekannt sind.

SMOHALLA: Seine Weisheit kommt aus seinem Kopf und aus seinen eigenen Gedanken. Solche Weisheit ist armselig und schwach.

HUGGINS: Was ist die Weisheit, von der du sprichst, und die aus Träumen kommt?

SMOHALLA: Jeder muß die wahre Weisheit selber erfahren. Sie kann nicht mit Worten gelehrt werden, sie kann nicht mit Worten erfaßt werden.

HUGGINS: Dann kann sie nur in Träumen erfahren werden?

SMOHALLA: Vieles kann auch gelernt werden, indem man singt und tanzt mit dem Träumer während der Nacht. Du hast die Weisheit deines Volkes, weißer Mann. Sei damit zufrieden.

Häuptling Owhi

Owhi, ein Yakima-Häuptling, war einer der Indianerführer, die 1855 mit Gouverneur Stevens zusammenkamen, um den entscheidenden Vertrag von Walla Walla abzuschließen. Er war zwar Christ, doch bewirkten der Cayuse-Krieg in den frühen fünfziger Jahren des 19. Jahrhunderts, der endlose Strom der Einwanderer und das unchristliche Verhalten der vordringenden Weißen, daß sein junger Glaube stark erschüttert wurde. Aber er verbindet eine bemerkenswert tiefe Religiosität – christlich im Ton, biblisch im Echo, heidnisch in seiner Ehrfurcht vor der Erde und der alten Erdmutter des Nordwestens – mit überragendem politischen Scharfsinn und außergewöhnlicher Sprachkraft. Seine Antwort auf Gouverneur Stevens' Forderung zur Übergabe des Yakimalandes an die Weißen ist eine der bewegendsten und treffendsten Reden eines Häuptlings auf die Gier und die Heuchelei der Evangelium-salbadernden Eindringlinge.

Der große Geist
war vor der Erde

Ich habe heute nichts über dieses Land zu sagen. Gott gab uns Tag und Nacht, die Nacht zum Ruhen und den Tag zum Sehen. Und das wird sein, solange die Erde besteht. Er gab uns den Morgen mit unserem Atem. Und so sorgt er für uns auf dieser Erde. Und so haben wir uns hier unter seinem Schutz versammelt.

War die Erde vor dem Tag oder der Tag vor der Erde? Der Große Geist war vor der Erde. Die Himmel waren klar und gut, und alle Dinge im Himmel waren gut. Gott blickte in die eine Richtung, dann in die andere, und er nannte uns das Land, für das wir sorgen sollten. Und Gott erschuf das andere. Wir haben das andere nicht erschaffen. Er schuf es für die Ewigkeit.

Ist das andere die Erde, welches unsere Mutter ist, oder ist es Gott, der unser älterer Bruder ist? Daraus ergibt sich für den Indianer die Frage: Woher stammen die Worte, die ihr Weißen an uns gerichtet habt? Gott erschuf die Erde, die Erde aber hört ihm zu, um zu erfahren, wie er entscheidet. Der Große Geist erschuf uns und gab uns Atem.

Wir sprechen miteinander, und Gott hört alles, was wir heute sagen. Der Große Geist blickt heute auf seine Kinder herab, als ob wir eins wären. Er wird einen Leib aus uns machen. Wir Indianer hier haben deine Worte gehört, als kämen sie von Gott.

Gott aber sprach, daß dieses Land **unser** sei. Darum fürchte ich mich, etwas über dieses Land zu sagen. Ich fürchte mich vor den Gesetzen des Großen Geistes. Darum fürchte ich mich, über dieses Land zu sprechen. Ich fürchte mich vor dem Großen Geist. Darum trauert mein Herz. Darum kann ich dir keine Antwort geben. Ich fürchte mich vor dem Großen Geist.

Soll ich dieses Land stehlen und es verkaufen? Oder was soll ich tun? Darum ist mein Herz so traurig.

Meine Freunde, Gott hat unsere Leiber aus Erde gemacht, als ob sie anders wären als die der Weißen. Was soll ich tun? Soll ich das Land aufgeben, das ein Teil meines Körpers ist und mich arm und hilflos machen? Soll ich sagen, ich gebe dir mein Land? Ich kann es nicht sagen. Ich fürchte mich vor dem Großen Geist.

Meine Liebe zum Leben ist der Grund, warum ich mein Land nicht weggebe. Ich habe Angst, in die Hölle geschickt zu werden. Ich liebe meine Freunde. Ich liebe mein Leben. Das ist der Grund, warum ich mein Land nicht weggebe.

Häuptling Sitting Bull

Von der folgenden Rede heißt es, sie sei 1866 von Sitting Bull vor einer reinen Indianerversammlung am Powder River kurz vor dem Fettermann-Massaker bei Fort Phil Kearny gehalten worden. Die einzige Quelle bildet die Aufzeichnung von Dr. Charles Eastman (Hakadah), einem reinblütigen Sioux, der bei der Pin Ridge Agency in der Zeit des Massakers von Wounded Knee tätig war. Obwohl Eastmans Genauigkeit und Glaubwürdigkeit bezweifelt worden sind (seine Erinnerungen sind oft auffällig verworren), gibt es keinen stichhaltigen Grund, die Authentizität der Aussage in diesem Text zu bezweifeln oder sie gar Sitting Bull überhaupt absprechen zu wollen. Quelle: Charles A. Eastman »Indian Heroes and Great Chieftains«, Boston, 1918.

Häuptling Sitting Bull

Der Sioux-Häuptling Sitting Bull (1831-1890) war, nachdem er 1876 die
Kavallerie von Lieutnant Colonel Custer am Little Bighorn River ver-
nichtend geschlagen hatte, der berühmteste aller Indianerhäuptlinge.
Diese Aufnahme entstand in den achtziger Jahren des 19. Jahrhunderts.

Sie behaupten,
unsere Mutter, die Erde,
gehöre ihnen

Seht, Brüder, der Frühling ist da. Die Sonne hat die Erde umarmt. Bald werden wir die Kinder dieser Liebe sehen.

Jeder Same, jedes Tier ist erwacht. Dieselbe große Kraft hat auch uns geboren. Darum gewähren wir auch unseren Mitmenschen und unseren Freunden, den Tieren, die gleichen Rechte wie uns, auf dieser Erde zu leben.

Aber hört, Brüder. Jetzt haben wir es mit einer anderen Art zu tun. Sie waren wenige und schwach, als unsere Großväter die ersten von ihnen trafen; jetzt aber sind sie viele, und sie sind stark und überheblich.

Es ist kaum zu glauben, sie wollen die Erde umpflügen. Habgier ist ihre Krankheit. Sie haben viele Gesetze gemacht, und die Reichen dürfen sie brechen, die Armen aber nicht. Sie nehmen das Geld der Armen und Schwachen, um die Reichen und Starken damit zu stützen. Sie sagen, unsere Mutter, die Erde, gehöre ihnen; und sie zäunen uns, ihre Nachbarn, von unserer Mutter ab. Sie beschmutzen unsere Mutter mit ihren Gebäuden und ihrem Abfall. Sie zwingen unsere Mutter, zur Unzeit zu gebären. Und wenn sie keine Frucht mehr trägt, geben sie ihr Medizin, auf daß sie aufs neue gebären soll. Was sie tun, ist nicht heilig.

Sie sind wie ein Fluß zur Zeit des Hochwassers. Im Frühling tritt er über die Ufer und zerstört alles auf seinem Weg.

Wir können nicht Seite an Seite leben. Vor sieben Jahren haben wir mit dem weißen Mann einen Vertrag geschlossen. Er versprach uns, daß das Land des Büffels für immer unser sei. Nun droht er, uns auch das zu nehmen. Sollen wir es geben, Brüder? Oder sollen wir sagen: »Bevor du mein Land nimmst, mußt du mich töten!«

Häuptling Captain Jack

Der Modoc-Krieg (1872-73) war zweifellos der schäbig-
ste, brutalste, dümmste und beschämendste Indianer-
krieg, der je geführt wurde – für die Modocs mit verhee-
renden Folgen, für die Sieger entehrend. Die Regierung
vergeudete Millionen Dollar und opferte Hunderte von
Menschenleben, um eine Handvoll Indianer, die um ihr
angestammtes Land kämpften, aus einer der trostlosesten
Gegenden des amerikanischen Kontinents – die kahlen
Vulkanlandschaften im nordöstlichen Kalifornien – zu
vertreiben. Der Krieg selbst ist ein trauriges Kapitel der
amerikanischen Geschichte: Greueltaten provozierten er-
barmungslose Rache, falschverstandene Vorstellungen
von nationaler Ehre, Verrat, Massenmord und Meuchel-
mord an den weißen Unterhändlern durch die verzweifelten Modocs. Während des Krieges wurde der Modoc-
Häuptling Captain Jack von seinen eigenen Männern
gezwungen, an der Ermordung der Unterhändler teilzu-
nehmen – eine Tat, die er aus ganzem Herzen verabscheute. Und am Ende des Krieges wurde er genau von
jenen Männern an die Weißen ausgeliefert. Der Prozeß
gegen Captain Jack und seine Unterhäuptlinge war eine
zynische Parodie auf Gesetz und Recht, und das Schänd-
lichste daran war der Freispruch für die Hauptschuldigen
und die offizielle Belobigung für ihren üblen Verrat an
ihrem Häuptling.

Captain Jack machte vor dem Militärgericht eine
schlechte Figur. Doch man muß ihm zugute halten, daß
er demoralisiert war, entsetzt über die offensichtliche
Ungerechtigkeit seiner Richter und über den heimtücki-
schen Verrat seiner eigenen Leute, niedergeschmettert
durch die Vernichtung eines Volkes und durch die Weige-

rung des Gerichts, ihm einen Anwalt zu geben. Seine letzte Rede war, wie das offizielle Protokoll zeigt, ein unglückliches Gemisch aus Flehen um Erbarmen, Selbstmitleid und Beschuldigungen gegen seine Verräter. Daß an der Glaubwürdigkeit dieses Protokolls kein Zweifel besteht, wird durch die detaillierte Aussage seines glühendsten Fürsprechers bestätigt – von Alfred Meacham, der beinahe selbst ein Opfer des Mordes an den Unterhändlern geworden wäre, und der später ein leidenschaftlicher Verteidiger der Indianer gegen das staatlich praktizierte Unrecht wurde.

Ich will damit sagen, daß die folgende Rede eine Rede ist, die nie gehalten wurde. Sie wurde von Jeff C. Riddle, dem Sohn zweier Augenzeugen des Geschehens, nach deren Berichten gestaltet und in seinem Werk über den Modoc Krieg (»The Indian History of the Modoc War« 1914) veröffentlicht. Aber die Rede, die Captain Jack von Riddle in den Mund gelegt wurde, ist bedeutsam und kraftvoll, eine leidenschaftlich empfundene Zusammenfassung allen Unrechts, das Captain Jack den Weißen immer wieder vorgehalten hat. Riddle muß davon überzeugt gewesen sein, daß Captain Jack, ein nachweislich redegewandter und mutiger Mann, diese Rede in einer anderen Situation in dieser Form hätte halten *können* und *müssen*. In der modernen Geschichtswissenschaft ist es Brauch, solche Fiktionen einfach als Fälschung zu deklarieren und abzutun, da sie mit der Absicht erfunden worden seien, die Fakten zu verdunkeln. Aber wir sollten nicht vergessen, daß in einem gewissen Sinn Poesie »philosophischer« ist als geschriebene Geschichte und auch wahrer. Es war kein geringerer als Thukydides, der Begründer der wissenschaftlichen Historik, der in seiner Geschichte des Peleponnesischen Krieges Reden eingefügt hat, die, nach seinem eigenen Zeugnis, nicht das beinhalten, was tatsächlich gesagt wurde, sondern das, was die Charaktere und Situationen *verlangten*: das, was gesagt hätte werden *müssen*, wenn die Wahrheit, die *unter* den Tatsachen verborgen war, das Wesentliche gewesen wäre.

Thukydides' Melier-Dialog ist offensichtlich kein wortgetreuer, authentischer Bericht über die Verhandlung zwischen Athenern und Meliern, sondern eine Rekonstruktion der wesentlichen Motive: das, was gesagt hätte werden *müssen*, hätten die Kontrahenten ihr Handeln und damit in gewissem Sinn das Handeln der Menschen überhaupt auszudrücken vermocht, und zwar es auszudrücken als rein metaphysische Auseinandersetzung – klassische Archetypen von sich endlos wiederholenden Mustern menschlichen Verhaltens, als absolute und nackte Macht, die der absolut nackten Ohnmacht gegenübersteht. In diesem thukydideischen Sinn, der das Elend philosophisch verdeutlicht, muß Riddle' Version von Captain Jacks letzter Rede betrachtet werden.

Häuptling Captain Jack
Diese Fotografie des Modoc-Häuptlings Captain Jack entstand während seiner Inhaftierung. Er wurde im Oktober 1873 gehängt. Später schickte man seinen konservierten Leichnam in den Osten der USA, wo er während einer Tournee gegen ein Eintrittsgeld von zehn Cents gezeigt wurde.

Ich klage die Weißen als Massenmörder an

In Ketten kann ich nicht sprechen.

Ich weiß, daß ich euch nicht beeindrucken kann. Meine Tage sind vorbei. Als ich ein Junge war, wollte ich gern ein Freund der Weißen sein. Und bis vor wenigen Monaten war ich ihr Freund.

Aber hört. Was hat mich verändert? Meine eigenen Männer. Einige dieser Männer sind heute hier. Sie sind frei, während ich Ketten trage. Ich habe nur noch kurze Zeit zu leben. Ihr Weißen habt mich nicht besiegt. Ich wurde durch meine eigenen Leute besiegt. Ich weiß es. Ich spüre es. Warum ich dies sage? Einige meiner Männer schlugen vor, die Unterhändler zu töten. Dagegen wehrte ich mich mit aller Kraft. Ich flehte sie an, keine unbewaffneten Männer zu töten. Aber was taten sie? Sie schlugen mich zu Boden, zogen mir eine Frauenmütze über den Kopf und zeigten schreiend auf mich: »Altes Weib! Bleib liegen. Wir lassen dich bei unserem Anschlag daheim. Du brauchst keine Angst zu haben, daß dich ein Soldat erschießt. Wir werden ihm die Mühe ersparen!«

Was sollte ich tun? Mein Leben war in Gefahr. So oder so. Also entschied ich mich für den feigen Mord. Jeder weiß, was ich tat. Alles, was ich will, ist, daß meine Geschichte erzählt wird.

Ich habe keine Angst vor dem Tod. Aber es beschämt mich, mit auf dem Rücken gefesselten Händen zu sterben. »Beschämt« ist nicht das richtige Wort. Ich dachte immer, ich würde in der Schlacht bei der Verteidigung meiner Rechte und meines Landes sterben – des Landes, das mir nicht von Menschen gegeben wurde.

Richter Roseborough und Squire Steele waren aufrichtige Männer. Sie gaben mir manchen guten Rat. Ich werde ihre Worte im Herzen bewahren, solange ich lebe.

Ich glaube nicht, daß ich auf ehrliche Weise besiegt wurde. Dieselben Männer, die mich gezwungen hatten, General Canby zu töten, haben sich ergeben und mich dann überrannt. Hätte ich das gewußt, hättet ihr mich heute nicht hier, mit Ketten an meinen Beinen und Lächeln auf euren Gesichtern. Ich wäre im Kampfe gefallen. Aber meine eigenen Leute haben mich angelogen, um nicht von mir erschossen zu werden. Die Männer, von denen ich spreche, sind jetzt hier, freie Männer. Sie kämpften um ihre Freiheit, mit meinem Leben. Sie alle waren genauso schlecht wie ich, als ich den guten Mann Canby tötete.

Ich sehe ein, daß es jetzt für Reue zu spät ist. Aber ich halte es für meine Pflicht zu erklären, wie alles passierte, damit der Weiße Vater es besser versteht.

Darum werde ich es jetzt noch einmal erzählen, in der Hoffnung, daß der weiße Mann einige meiner Worte versteht.

Ich habe Canby getötet, aber ich fühle mich in meinem Herzen nicht schuldig. Warum habe ich das getan? Könnt ihr das verstehen? Man hat mich dazu gezwungen. Ich tat es, um für eine Zeitlang mein Leben zu retten. Ich dachte, ich würde im Kampf fallen. Ihr habt mich von Tal zu Tal gehetzt, wie wir das verwundete Reh jagen. Zum Schluß habt ihr mich hier gestellt. Ich weiß, daß ich nur noch ein paar Tage leben werde. Ich glaube nicht, daß ich und diese Männer hier als einzige zum Tod verurteilt worden wären. Hätte ich einen Anwalt gehabt, als der Prozeß begann, würden dieselben Männer, die heute frei sind, jetzt wie wir in Ketten sein.

Aber meine Rede hat kein Gewicht. Warum? Ich bin ein Mörder. Jeder hier sagt es. Leugne ich das? Nein, ich leugne es nicht.

Ich habe es getan, aber ich sage es noch mal: Ich mußte es tun. Heute sage ich es zum allerletzten Mal, ich schäme mich, wie ich sterben muß. Aber ich fürchte mich nicht. Was euer Weißer Vater sagt, ist gerecht. Ich muß sterben. So ist es. Ich habe nichts weiter zu sagen. Ich sehe es euch an, daß ihr müde seid und nicht mehr zuhören wollt. Ihr meint vielleicht, daß ich lüge. Aber, meine Freunde, ich spreche die Wahrheit.

Ich bin immer noch voll Sorge um die Sicherheit meiner kleinen Jungen und Mädchen. Ich hoffe, ihr Weißen werdet sie nicht meinetwegen ungerecht behandeln. Für das, was ich euch getan habe, können sie nichts. Sie sind das einzige, worum ich mir Sorgen mache – meine jungen Leute. Ich hoffe, der Weiße Vater in Washington wird ihnen eine gute Heimat geben und sie ins Leben führen. Wenn die Regierung sich um sie kümmert, werden sie der Regierung zeigen, daß ihre Mühe nicht umsonst ist. Die Regierung soll für meine jungen Leute sorgen. Schaut euch das große, gute Land an, das man mir und meinem Volk weggenommen hat.

Hätte ich die Absicht, mehr zu reden, könnte ich erzählen und von Weißen bestätigen lassen, wie mein Volk von den Weißen abgeschlachtet wurde. Eins aber werde ich sagen: Nie wurde je ein Weißer für das bestraft, was er getan hat. Hätte man die weißen Männer, die unsere Frauen und Kinder umgebracht haben, vor Gericht gestellt und bestraft, würde ich das Urteil gegen mich und meine Männer ruhiger hinnehmen. Konnte ich das? Konnte ich das? Bitte, sagt es mir.

Nein, ihr Weißen werdet nicht antworten. Können wir Indianer jemals einen Prozeß gegen euch Weiße mit euren Gesetzen gewinnen? Ich sage nein. Ich weiß es. Ihr Weißen könnt jeden von uns jederzeit erschießen, wann immer ihr wollt, im Krieg oder im Frieden. Könnt ihr mir sagen, wann je ein Weißer für den kaltblütigen Mord an einem Modoc bestraft wurde? Nein, ihr könnt es nicht. Ich stehe am Rande des Grabes. Mein Leben liegt in eurer Hand. Ich klage das Volk der Weißen als Massenmörder an. Nicht nur in einem Fall, sondern aufs neue und immer wieder aufs neue. Denkt an Ben Wright. Was hat er getan? Er tötete fast fünfzig meiner Leute. Mein Vater war darunter. Ben Wright wollte mit ihnen über den Frieden verhandeln. Wurden er oder seine Männer bestraft? Nein, nicht einer. Dabei waren Ben Wright und seine Männer zivilisierte Weiße. Die anderen zivilisierten Weißen in Yredka, Californien, machten einen großen Helden aus ihm. Sie gaben ihm ein Festmahl und tanzten zu seinen Ehren für die Ermordung unschuldiger Indianer. Er wurde für seine Verbrechen gefeiert.

Jetzt bin ich hier. Ich habe einen Mann getötet, nachdem er mich wieder und wieder zum Narren gehalten hat. Meine eigenen Männer haben mich dazu gezwungen. Das Gesetz sagt: Hängt ihn. Er ist sowieso nur ein Indianer. Wir können ihn sowieso jederzeit umbringen. Dieser eine aber hat etwas getan. Darum hängt ihn auf. Warum hat nicht euer Gesetz das gleiche über Ben Wright gesagt?

Jetzt habe ich gesprochen. In ein paar Tagen werde ich nicht mehr sein. Ich sage der Welt Lebewohl.

Häuptling Colonel Cobb

Bei der Verhandlung von Dancing Rabbit Creek (27. September 1830) wurden die Choctaw-Indianer mittels Bestechung und Einschüchterung überredet, ihr angestammtes Land in Mississippi und Alabama abzutreten und in das Indianerterritorium in Oklahoma umzuziehen. Jenen Choctaws, die sich weigerten zu emigrieren, wurde vertraglich das Recht zur Bleibe und Besitzrechte auf Teile des Landes zugesichert – ein Recht, das aus offensichtlichen Gründen von den Indianern nie in Anspruch genommen werden konnte.

1843 versuchte die Regierung erneut durch den Indianerbeauftragten Captain J. J. McRea, die letzten, auf ihre Rechte beharrenden Choctaws zur Emigration zu überreden. McRea gab zu verstehen, daß die Choctaws in Mississippi keine Zukunft mehr haben würden: »Eure Versammlungsfeuer dürfen hier nicht länger brennen ... Aber wenn die Choctaws die Hand ihres Großen Vaters ergreifen, die bereit ist, sie in ihre neue Heimat im Westen zu führen, dann werdet ihr neue Hoffnung schöpfen, und eure Zukunft wird rosig sein.« Zwei Tage, nachdem McRea sein Angebot gemacht hatte, antwortete der Mischling Häuptling Colonel Cobb für die Choctaws.

Quelle: »Niles Weekly Register«, vol. LXIV (1843), 131-32.

Dort, in den alten Föhren, hörst du die Geister unserer Toten

Bruder: Wir haben deine Worte gehört, als kämen sie von den Lippen unseres Vaters, dem großen weißen Häuptling in Washington, und mein Volk hat mich gebeten zu antworten. Der rote Mann hat keine Bücher, und wenn er sagen will, was er denkt, spricht er mit dem Mund, wie seine Väter vor ihm. Er hat Angst vor dem Schreiben. Wenn er spricht, weiß er, was er sagt. Der Große Geist hört ihn. Die Schrift ist die Erfindung der Weißen. Sie gebiert Krieg und Leid. Der Große Geist spricht. Wir hören ihn im Donner, im Singen des Windes und im Wasser. Niemals schreibt er.

Bruder: Als ihr jung wart, waren wir stark. Wir kämpften an eurer Seite. Jetzt aber sind unsere Arme zerbrochen. Jetzt seid ihr mächtig und stark. Mein Volk ist klein geworden.

Bruder: Meine Stimme ist schwach. Du kannst mich kaum hören. Es ist nicht der Schrei eines Kriegers, es ist das Wimmern eines Kindes. Als ich über die Leiden meines Volkes klagte, habe ich meine Stimme verloren. Dies hier sind ihre Gräber, und dort in den alten Föhren hörst du die Geister unserer Toten. Ihre Asche ist hier. Wir wurden zurückgelassen, um sie zu bewachen. Fast alle unsere Krieger sind in das ferne Land im Westen gegangen. Unsere Toten aber sind hier. Sollen auch wir gehen und ihre Knochen den Wölfen lassen?

Bruder: Zweimal kam und ging der Schlaf, seit wir dich reden hörten. Über das, was du gesagt hast, haben wir nachgedacht. Du verlangst von uns, daß wir unser Land verlassen, und du sagst, es sei der Wunsch unseres Vaters. Wir möchten unseren Vater nicht kränken. Wir achten ihn, und wir achten dich, seinen Sohn. Aber der Choctaw denkt immer nach. Wir brauchen Zeit zur Antwort.

Bruder: Unsere Herzen sind schwer. Vor zwölf Winter haben unsere Häuptlinge unser Land verkauft. Jeder Krieger, den du hier siehst, war gegen diesen Vertrag. Hätte man die Stimmen der Toten zählen können, wäre dieser Vertrag niemals gemacht worden. Sie waren hier, aber sie waren weder zu sehen noch zu hören. Ihre Tränen waren im Regen, ihre Stimmen waren Wind. Aber die Weißen wußten es nicht, und unser Land wurde genommen.

Bruder: Wir klagen jetzt nicht. Ein Choctaw leidet, aber er weint nicht. Du besitzt den starken Arm. Wir können ihm nicht widerstehen. Aber der weiße Mann betet zum Großen Geist. Der rote Mann tut es auch. Der Große Geist liebt Wahrheit. Als ihr uns unser großes Land genommen habt, habt ihr uns einen Teil davon versprochen. Euer Versprechen steht dort in dem Buch. Zwölfmal ist das Laub von den Bäumen gefallen, doch wir haben kein Land bekommen. Unsere Versammlungshäuser wurden uns weggenommen. Der Pflug des weißen Mannes gräbt die Knochen unserer Väter aus. Wir wagen nicht mehr, Feuer zu machen. Und noch immer erzählst du uns, wir könnten hier bleiben, und du würdest uns Land geben.

Bruder: Ist das **Wahrheit?** Aber wir glauben, daß unser großer Vater uns jetzt hören wird, da er weiß, in welcher Lage wir sind. Wir sind weinende Waisen in unserem eigenen Land. Doch unser Vater wird uns bei der Hand nehmen. Wenn er sein Versprechen erfüllt, werden wir ihm antworten. Er meint es gut. Wir wissen es. Aber wir können jetzt nicht denken. Unsere Leiden haben uns zu Kindern gemacht. Wenn unsere Angelegenheit geregelt ist, werden wir wieder Männer sein. Dann werden wir mit unserem großen Vater über seinen Vorschlag sprechen.

Bruder: Du stehst in den Mokassins eines großen Häuptlings. Du sprichst die Worte einer großen Nation, und deine Rede war lang. Mein Volk ist klein. Der Schatten meiner Leute reicht kaum bis an dein Knie. Sie sind fort und zerstreut. Wenn ich rufe, höre ich meine eigene Stimme im Wald, und keiner antwortet mir. Deshalb meine wenigen Worte. Ich habe nichts mehr zu sagen. Aber ich will, daß dem großen Häuptling der Weißen, dessen Bruder[6] an deiner Seite steht, gesagt wird, was ich gesagt habe.

Häuptling Red Cloud

Im Jahre 1870 überredete die Regierung Red Cloud, den Häuptling der Oglala Sioux, nach Washington zu kommen. Das geschah in der Absicht, die Indianer bei diesem Besuch durch die Zurschaustellung der Macht der Weißen und ihres Reichtums einzuschüchtern, um so die Gefahr künftiger Feindseligkeiten zu vermindern. Der Sekretär für innere Angelegenheiten, Cox, hielt eine ausführliche Begrüßungsrede an die Delegation, worin er die allgemeine Lage darstellte und den Indianern zu verstehen gab, daß es die beste Lösung für sie wäre, in ein Reservat am Missouri River umzusiedeln. Würden die Indianer den Frieden nicht brechen, sagte der Sekretär, »werden wir alles tun, was gut und richtig für sie ist.« Red Cloud antwortete für die Indianerdelegation.

Häuptling Red Cloud

Häuptling Red Cloud (1820-nach 1906) wurde auf einen Schlag berühmt, nachdem er 1866 bei Fort Phil Kearny Captain Fetterman besiegt und diesen und weitere achtzig Soldaten getötet hatte. Neben Crazy Horse und Sitting Bull war er der bedeutendste Sioux-Häuptling im 19. Jahrhundert.

Ich komme von dort,
wo die Sonne untergeht

Der Große Geist hat mich nackt gesehen, wie er meinen Großen Vater nackt gesehen hat, gegen den ich gekämpft habe. Ich habe meine Gebete an den Großen Geist gerichtet, so bin ich heile hier angekommen.

Seht mich an. Ich wurde großgezogen in einem Land, wo die Sonne aufgeht, und jetzt komme ich von dort, wo die Sonne untergeht. Wessen Stimme klang zuerst in diesem Land? Die Stimme des roten Mannes, der nur Pfeil und Bogen besaß.

Der Große Vater sagt, er ist gut und freundlich zu uns. Ich glaube es nicht. Ich bin gut zu seinem weißen Volk. Auf ein mir gesandtes Wort hin habe ich mich auf den langen Weg zu seinem Haus gemacht.

Mein Gesicht ist rot. Das eure ist weiß. Der Große Geist lehrte euch Lesen und Schreiben, mich aber nicht. Ich habe es nicht gelernt. Ich komme hierher, um meinem Großen Vater zu erzählen, was mir in meinem Land nicht gefällt. Ihr alle seid meinem Großen Vater nah, und viele von euch sind große Häuptlinge. Den Männern aber, die uns der Große Vater gesandt hat, fehlt das Verständnis.

Was er mit meinem Land gemacht hat, will ich nicht. Ich habe nicht darum gebeten. Ich wollte nicht, daß weiße Männer durch mein Land ziehen.

Vater, hast du oder haben deine Freunde Kinder? Möchtet ihr sie großziehen? Schaut mich an: Ich bin mit all diesen jungen Männern hergekommen. Jeder von ihnen hat Kinder und möchte sie großziehen. Überall bin ich von weißen Kindern umzingelt. Sie haben mir nichts gelassen als eine Insel. Am Anfang, als wir dieses Land besaßen, waren wir stark. Jetzt schmelzen wir dahin wie Schnee auf den Hügeln. Ihr aber wachst wie Gras im Frühling.

Nun bin ich von weither in das Haus meines Vaters gekommen. Wenn ich wieder fort bin, seht nach, ob ich einen Tropfen Blut in diesem Land gelassen habe. Wenn der weiße Mann in mein Land kommt, zieht er eine Blutspur hinter sich her.

Sag dem Großen Vater, er soll Fort Fetterman woanders aufbauen, dann werden wir keine Schwierigkeiten miteinander haben. Ich habe zwei Gebirge in meinem Land, die Black Hills und die Big Horn Mountains. Ich will, daß mein Vater dort keine Straßen baut. Ich habe schon dreimal darüber gesprochen, und jetzt bin ich hergekommen, um es ein viertes Mal zu sagen.

Ich lehne das Reservat am Missouri ab. Ich sage es zum vierten Mal. Hier sind einige meiner Leute von dort. Unsere Kinder sterben. Das Land ist nicht gut für sie.

Ich wurde an der Flußgabelung des Plate Rivers geboren, und man hat mir gesagt, dieses Land gehöre mir im Norden, Süden, Osten und Westen.

Der rote Mann ist in das Haus des Großen Vaters gekommen. Die Oglalas kommen als letzte, doch ich komme, um zu hören und den Worten des Großen Vaters zu lauschen.

Sie haben mir versprochen, daß Händler kommen würden, aber es sind keine gekommen. An der Mündung des Horse Creek haben sie 1852 eine Vereinbarung mit uns getroffen, und der Mann, der das Abkommen vereinbart hat, ist der einzige, der mir die Wahrheit sagte. Wenn du mir Lebensmittel und andere Güter schickst, werden sie auf dem Weg zu uns gestohlen, denn was ich davon bekomme, ist nicht mehr als eine Handvoll. Sie halten mir ein Papier zum Unterzeichnen hin, und das ist alles, was ich für mein Land bekommen habe.

Ich weiß es, die Leute, die du uns geschickt hast, sind Lügner. Sieh mich an. Ich bin arm und nackt. Ich will keinen Krieg mit meiner

Regierung. Jetzt geht die Eisenbahn quer durch mein Land. Für dieses Land habe ich nie eine Abfindung bekommen, nicht einmal einen Bronzering.

Du könntest meinem Volk das Pulver bewilligen, um das wir gebeten haben. Wir sind nur noch eine Handvoll, und ihr seid eine große und mächtige Nation. Die ganze Munition wird von euch hergestellt. Ich bitte euch nur um soviel, damit wir genug haben, um Wild zu jagen. Der Große Geist hat alle Dinge, die ich in meinem Land habe, wild erschaffen. Ich muß sie aufspüren und jagen. Es ist nicht wie bei euch, wo man aus dem Haus geht und alles findet, was man braucht.

Mehr habe ich nicht zu sagen.

Häuptling Powhatan

Die Beziehungen zwischen Powhatans Indianern und Captain John Smith' Siedlung bei Jamestown in Virginia waren in der ersten Zeit überaus herzlich. Bei zahlreichen Gelegenheiten versorgten die Indianer die Siedler großzügig mit dringend benötigten Lebensmitteln. Vielleicht retteten sie dadurch überhaupt die Siedlung vor dem Untergang. Doch unter Smith' Führung verschlechterte sich das Einvernehmen zwischen Eingeborenen und Weißen schnell. Die Gründe dafür sind unbekannt. Frühe amerikanische Historiker bezichtigen Powhatan der Doppelzüngigkeit. Powhatan seinerseits mißtraute den Engländern und verabscheute sie mehr und mehr wegen ihrer ungerechtfertigten Forderungen. 1609 erschien Captain Smith, begleitet von einer Schar Bewaffneter, bei Powhatan in Werowocomoco und verlangte weitere Lebensmittel. Powhatan schützte Armut vor und gab freimütig zu verstehen, daß er sich über die Abreise der Engländer freuen würde. Nach dem Zeugnis seiner Worte aber lehnte er kriegerische Auseinandersetzungen entschieden ab.

Quelle: »Lives of the Celebrated American Indians«, Boston, Mass. 1843, 179-80.

Häuptling Powhatan
Häuptling Powhatan (um 1600). Der Zeichner ist unbekannt. Wahrscheinlich ist das Porträt nachempfunden worden.

Was kannst du durch Krieg gewinnen?

Ich habe zwei Generationen meines Volkes sterben sehen. Kein Mann dieser zwei Generationen lebt noch außer mir. Ich kenne den Unterschied zwischen Krieg und Frieden besser als jeder Mann meines Volkes.

Ich bin jetzt alt. Ich werde bald sterben. Dann wird meine Kraft auf meine Brüder übergehen, auf Opitchapan, Opechanconough und Catatough, und dann auf meine beiden Schwestern, und dann auf meine beiden Töchter.

Ich möchte, daß auch sie wissen, was ich weiß. Ich möchte, daß deine Liebe zu ihnen sein wird wie meine Liebe zu dir.

Warum willst du mit Gewalt nehmen, was du friedlich bekommen kannst, durch Liebe? Warum tötest du die, die dich mit Nahrung versorgen? Was kannst du schon durch Krieg gewinnen? Wir können unsere Vorräte verstecken und du mußt verhungern, weil du deinen Freunden Unrecht zugefügt hast.

Warum beneidest du uns? Wir haben keine Waffen, und wir sind bereit, dir zu geben, was du willst, wenn du als Freund kommst, nicht mit Schwertern und Gewehren wie ein Feind.

Ich bin nicht so einfältig, daß ich nicht wüßte, daß es besser ist, gutes Fleisch zu essen, ruhig zu schlafen und friedlich mit meinen Frauen und Kindern zu leben. Es ist besser, mit den Engländern Kupfer und Beile zu tauschen und zu lachen und zu feiern, als davonzulaufen und in den Wäldern zu frieren, Wurzeln und Eicheln zu essen und gejagt zu werden, so, daß ich weder essen noch schlafen kann.

Wenn Krieg ist, müssen meine Männer nachts wach liegen. Und wenn ein Ast knackt, schreien sie auf: »Das ist Captain Smith!«

Genauso werde ich mein elendes Leben beenden. Nehmt eure Gewehre und Schwerter weg. Sie sind der Grund all unseres Mißtrauens. Nehmt sie weg, oder ihr alle werdet durch eure eigenen Waffen genauso elend sterben wie ich.

Häuptling Charlot

Charlot hatte die Häuptlingswürde der Flatheads von seinem Vater geerbt, deren angestammtes Land sich vom Bitter-Root-Tal über das Jocko-Gebiet erstreckte, und das im Norden bis zum Kalispel-See im westlichen Montana reichte. Seit langem bekannt und geschätzt für ihre unverbrüchliche Treue zu den Weißen, nahmen die Flatheads die berühmten amerikanischen Forschungsreisenden Lewis und Clark freundlich auf und ersuchten von sich aus um die Errichtung einer Missionsstation durch den Jesuitenpater De Smet in den vierziger Jahren des vorigen Jahrhunderts. Die Jesuiten gründeten bei Stevensville im Bitter-Root-Tal die kleine Missionsstation St. Mary – das erklärt die offensichtlich christlichen Anspielungen in der Rede von Charlot und seine Verbitterung über die Kluft zwischen christlicher Moral und amerikanischer Praxis – und deshalb waren die Flatheads auch bereit, 1855 bei Hell Gate (Missoula) einen Vertrag mit Gouverneur Stevens zu unterzeichnen. In diesem Vertrag wurden die Besitzansprüche der Flatheads auf das Bitter-Root-Gebiet zwar bestätigt, eine Klausel aber räumte dem Präsidenten der USA das Recht ein, die Flatheads in das Jocko-Reservat nördlich von Missoula umzusiedeln. Dieses Vorrecht des Präsidenten war jedoch, zumindest nach Meinung der Flatheads, verfallen, und in den siebziger Jahren setzte eine weiße Kommission (darunter befand sich unter anderen berühmten Persönlichkeiten auch der spätere Präsident James A. Garfield) eigenmächtig Charlots Unterschrift auf ein Dokument, das die Flatheads verpflichtete, in das Jocko-Reservat zu gehen. Charlot weigerte sich, und die Urkundenfälschung wurde später tatsächlich durch eine Kommission des amerikanischen Senats aufgedeckt. Das geschehene Unrecht aber wurde nicht wiedergutgemacht, und Charlot wurde mehr und mehr unter Druck gesetzt, mit seinem Volk in das Reservat umzusiedeln. Charlot weigerte sich zäh und beharrlich, und seine Weigerung provozierte eine immer stärker werdende Feindseligkeit der Weißen in der Zeit, als sich der endlose Strom der Siedler ins Bitter-Root-Tal ergoß (das im journalistischen Klischee jener Epoche als ein »wahres Paradies« angepriesen wurde). Die Volksversammlung der Siedler von Missoula versuchte schließlich durch ein brutales politisches Manöver, die Indianer zur Aufgabe ihrer Rechte und zur Aussiedlung zu zwingen, indem sie von den Indianern eine Steuer für ihr Land verlangten. Dieses Unrecht, die bittere Armut der Indianer und die nicht enden wollende Gier der Weißen veranlaßten Charlot zur folgenden Rede.

Die einzige Quelle dieser Rede ist eine Fassung, die im »Weekly Missoulian« vom 26. April 1876 erschien. Der Name des Übersetzers fehlt und der Text ist lediglich »einem Flathead-Häuptling« zugeschrieben, obwohl der Autor kaum ein anderer als Charlot gewesen sein konnte. Wie Henry A. Smith' Version von Seattles Rede, ist dieser Text ebenfalls eine schwülstige, geschönte, »literarische« Übersetzung. Bei genauerer Untersuchung des Textes aber stößt man auf stichhaltige Beweise, daß die Rede im großen und ganzen authentisch sein muß – welcher Weiße dieser Zeit hätte je falsche Zähne als schlagenden Beweis für die Falschheit und Schamlosigkeit des weißen Mannes angeführt? Meine Methode zur Rekonstruktion dieser Rede war fast identisch mit der, die ich bei Seattles Text angewandt habe.

Riecht nicht der weiße Mann
nach Tod?

Ja, mein Volk, der weiße Mann will, daß wir
ihn bezahlen. Deshalb kommt er. Er sagt,
wir müssen ihn bezahlen, ihn bezahlen für
das, was uns gehört, für Dinge, die wir vom
Großen Geist und von unseren Großvätern
empfangen haben, für Dinge, die ihm nie
gehörten, für Dinge, die wir nicht von ihm
bekommen haben. Welches Gesetz, welches
Recht ist das? Was für ein Mitleid ist das?
Die Indianer sagen, daß eine Frau sich weniger schämt als ein Mann. Der weiße Mann
aber ist schamloser als eine Frau.

Mehr als siebzigmal ist der Schnee getaut,
seit unsere Großväter ihn zum ersten Mal
trafen. Die meisten unserer Großväter sind
wie der Schnee dieser siebzig Winter dahin.
Ihre Geister kehrten dorthin zurück, wo sie
herkamen. Sie sagen, der Geist des weißen
Mannes geht an denselben Ort. Ob sie sich
dort treffen und auf uns herabschauen? Ob
sich der weiße Mann vor seinem Gott
schämt? Oder ist er für alle Ewigkeit tot?
Gleicht sein Gebet seinem Versprechen? Ist
es in den Wind gesprochen? Ist es ein Klang

ohne Bedeutung? Ist es etwas, dessen Leben nach dem Tod riecht? Riecht nicht der weiße Mann nach Tod? Er hat Gräber um Gräber mit unseren Knochen gefüllt. Seine Pferde, seine Rinder, seine Schafe, seine Männer, seine Frauen – von allen geht der Geruch der Verwesung aus. Stinken nicht sein Atem und sein Zahnfleisch? Die Zähne fallen ihm aus dem Mund, und er setzt falsche dafür ein. Aber er schämt sich nicht.

Nein, es ist sein Wesen, alles zu zerstören. Alles, was der Große Geist, der uns dieses Land gab, schön und sauber geschaffen hat, beschmutzt und besudelt er. Aber das ist nicht alles. Er, der unsere Erde unterjocht hat, will, daß wir ihn jetzt dafür bezahlen – wir, die armen Überlebenden eines Volkes, das ihm nie etwas zu Leide getan hat.

Was ist er? Wer hat ihn hergeschickt? Wir waren glücklich, als er zum ersten Mal kam. Seitdem haben wir viel von ihm gesehen, ihn immer gehört und immer über ihn gehört. Als er zum ersten Mal kam, dachten wir, er käme von dort, wo die Sonne aufgeht. Doch er kommt wie die Finsternis, nicht wie der Morgen. Er kommt wie der Tag, der vorbei ist, und Nacht schleicht in unsere Zukunft, sobald er erscheint.

»Lügner« und »Dieb« sollte auf seine Stirn gebrannt sein. Genauso, wie er die uns ge-

stohlenen Pferde mit seinem Zeichen brand-
markt. Hätte der Große Geist dieses Mal auf
seine Stirn gebrannt, hätten wir ihn abweisen
können. Doch weil er Hilfe brauchte, hießen
wir ihn willkommen. Er war in Not, so
gaben wir ihm zu essen. Wir sorgten für ihn,
wir schlossen Freundschaft mit ihm. Wir
zeigten ihm die Furten und Pässe in unserem
Land. Aber wir sahen nicht, daß sein Gesicht
unter den Haaren versteckt war und nicht
sein Kaninchenlächeln, das er hinter dem
Bart verbarg.

Ein langschwänziger, hinterlistiger Kojote, gierig nach Flachland mit hohem Gras
und Wäldern.

Hat er uns nicht eingeladen und uns mit
Rindern bewirtet, in unserem eigenen Land,
auf unsern eigenen Weiden, dort bei der kal-
ten Quelle? Bat er uns nicht, seine Papiere
zu unterzeichnen? Schwor er nicht bei der
Sonne und bei dem Auge, das die Sonne mit
Feuer erfüllt, in beider Namen und im Namen seines eigenen Häuptlings? Schwor er
nicht bei seinem Schwur, zu geben, was er
nie gab, zu tun, von dem er wußte, er würde
es niemals tun? Damals war er ein Lügner,
er ist noch immer ein Lügner. Er besitzt
weder Freundschaft noch Mut, kein Erbarmen und keine Gerechtigkeit. Das ist der
Grund, warum er jetzt will, daß wir ihm

noch mehr geben. Wann hat er je genug? Erst war er ein Wanderer, ein Kojote. Dann war er ein Lügner. Jetzt ist er ein Mörder und ein Gebieter. Um zu bekommen, was er will, damit sich Bäume und Steine und seine eigenen Leute ihm fügen, droht er mit Soldaten, Ketten, Gefängnissen.

Mein Volk, wir sind arm. Wir sind Waisenkinder ohne Vater. Der weiße Mann ist nur der Vater unseres Elends – der Leiden jener von uns, die übrig geblieben sind, und der wenigen, die nach uns kommen werden. Er hat uns vernichtet. Er selbst ist die Schlange, über die er immer spricht – die Schlange, von der er sagt, sie sei über seine Mutter gekrochen, in ihrem eigenen Land, um sie zu verführen. Er sagt, seine Geschichte sei dieselbe wir die des ersten Mannes, der aus seinem Land gewiesen und vertrieben wurde. Warum haben wir ihn nicht aus unserem Land vertrieben? Er sagt, eine seiner Jungfrauen hatte einen Sohn, der an zwei gekreuzte Äste genagelt in den Tod ging, um ihn zu retten. Wären sie damals alle gestorben, als jener junge Mann starb, so wären wir jetzt gerettet. Dies Land würde uns gehören. Aber er lebt noch. Und er lebt noch und noch.

Und der Dieb ist ein gieriger Bettler. Wo immer er hingeht, folgen ihm Schweine und

Henker. Ihm Geld zahlen? Hat er je gefragt wie? Nein, sein Geiz erdrosselt sein Mitleid. Die Gier ist die Frau seines Neides. Er sah unsere wenigen Pferde und Kühe. Er sah Wälder voll Bäumen, um Schienen daraus zu machen. Und er sah, daß wir nur wenige waren. Das war der Köder für seine Gier. Warum? Weil er in großer Schuld steht, und er will von uns, daß wir sie bezahlen. Er sagt es selbst. Seine Habgier hat ihn in Schulden gestürzt, und er will, daß wir sie bezahlen. Er will uns zum Narren machen. Hat er je gefragt, wie viele von dem wenigen leben müssen, was wir besitzen? Wie viele Kinder ohne Väter? Wie viele hungernde Säuglinge?

Er kam in einer Nacht zu uns, als Himmel und Berge ihre Kräfte vereinten, um uns zu erfrieren. Er war verloren, er war fast tot. Bat er uns nicht um eine Decke, um sich zu retten? Nein, er selbst ist kalt. Er kennt kein Erbarmen. Viermal in derselben Nacht wurde One-Eye Keneth, ein siebzigjähriger Indianer, aus vier Häusern der Weißen zur Tür hinausgestoßen. Sie jagten den armen, alten, blinden Mann hinaus in den Tod.

Nein, der weiße Mann kennt kein Erbarmen. Blickt ihn an. Wie blickt er zurück? Seine Fischaugen starren euch an, wie die Eule eine Schar blauer Schneehühner anstarrt. Er ist kalt. Arglist und Gier sind seine steten Begleiter. Sie gehören zu ihm wie Füße und Hände. Wir schulden ihm nichts. Er schuldet uns mehr, als er je wird zahlen können. Und trotzdem sagt er, es gibt einen Gott.

Ich kenne einen anderen alten Mann. Er lebte in seiner Hütte mit seiner Frau und einer Tochter. Alles, was er besaß, waren ein paar Biberfelle und vier oder fünf magere Pferde. Es war eine bittere Nacht. Die Bäche waren gefroren, und die Erde war weiß. Die Sterne schienen so nah, als wollten sie uns wärmen. Das Fell der Rehe war gesträubt, und die Weiden knackten im Frost. Zwei weiße Männer kamen zu ihrer Hütte. Sie waren vom Weg abgekommen und fast erfroren. Die alte Frau und das Mädchen schnitten ihnen die vereisten Stiefel von den Füßen und gaben ihnen neue. Sie rieben ihre Füße mit Sage-Rinde ein, um sie warm und weich zu machen. Die Frau gab ihnen heiße Suppe und gekochtes Reh- und Biberfleisch. Ihre Sicherheit kehrte zurück und ließ sie leben. Nach einiger Zeit sagten sie, sie müßten gehen, und so gingen sie.

Aber hört. Um Mitternacht kamen die Männer zurück. Sie schlachteten den alten Mann, seine Frau und seine Tochter im Schlaf. Dann nahmen sie die Biberfelle und Pferde und verschwanden. Am nächsten

Tag brachten sie den ersten Indianer um, der ihnen begegnete, einen stattlichen, jungen Krieger. Sie schoben seinen Körper unter das Eis und ritten mit seinem Pferd davon.

Und der weiße Mann sagt, der Indianer sei schlecht. Wird er je von seinen eigenen Verbrechen erzählen? Nein, Verbrechen, die er den Indianern angetan hat, werden nie erzählt. Er ist der Zerstörer, doch immer wieder schreit er, daß ein paar Indianer eine Gefahr für ihn sind. Andere Indianer töten seine Frauen oder vergewaltigen sie. Sie nageln seine Kinder mit Pflöcken an der Erde fest und schlachten seine Stiere. Und er belohnt sie mit Zucker und Decken. Den armen Flatheads aber, die ihm nie etwas zu Leide taten, will er Steuern abpressen und sie noch ärmer machen.

Meine Brüder, ich könnte viel mehr sagen. Doch soviel habe ich gesagt. Ich werde zu reden aufhören, damit ihr über diese Steuer eure Entscheidung treffen könnt. Nie haben wir Gesetze gemacht, um Steuern zu fordern. Die Gesetze des weißen Mannes haben uns weder einen Grashalm noch einen Baum, weder eine Ente noch ein Schneehuhn oder eine Forelle gebracht. Nein, er ist wie der Vielfraß, der unsere Vorräte stiehlt. Wie oft kommt er zu uns? Ihr wißt es. Er kommt und kommt, solange er lebt, und er nimmt und nimmt, mehr und mehr, und alles, was er verläßt, ist verdreckt und besudelt.

Häuptling Moisé

Im Jahre 1911 wurde denjenigen von Häuptling Charlots
Flathead-Indianern, die schließlich doch in das Jocko-Reservat umgesiedelt waren, ein kurzer Erinnerungsbesuch
in ihrer alten Heimat im Bitter-Root-Tal gestattet. Sie
schlugen ihre Zelte in der Nähe des alten Forts Owen
auf, ihrem alten Lagerplatz bei der katholischen Missionsstation St. Mary, im Dorf Stevensville im Staat Montana. Unter ihnen befand sich einer von Charlots Stellver-
tretern, Häuptling Moisé, der den alten Häuptling bei
dessen Delegation nach Washington begleitet hatte. Zu-
nächst wollte Moisé nicht an der Reise in die alte Heimat
teilnehmen, schließlich aber willigte er doch ein. Er ver-
brachte viele Stunden damit, den Bitter-Root-Fluß und
die dahinterliegenden Berge zu betrachten. Er schaute
auf die schneebedeckte Bitter-Root-Kette mit ihrem großen Gipfel, den die Katholiken St.-Maria-Berg genannt
hatten. Seine folgenden Worte wurden an einen Historiker gerichtet, der die Gruppe bei ihrem Besuch begleitet
hatte.

Häuptling Moisé
Diese Aufnahme, das einzige Bild von Häuptling Moisé, entstand im
Jahre 1913.

In jenen Tagen
waren wir glücklich

Ich weiß nicht, warum mein Volk aus diesem Tal vertrieben wurde. In den alten Tagen, als wir hier lebten, waren wir ein großes Volk. Jetzt ist das alles, was von uns übrig ist.

[Er weist mit einer Armbewegung auf die wenigen zerstreuten Zelte in der Ebene vor dem alten Fort Owen.] Wir sind nur noch wenige.

Die Schwarzröcke schickten uns Nachricht, sie würden uns die neue Religion lehren, wenn wir kommen würden, um sie zu treffen. Wir gingen dort über die Berge [er zeigt nach Süden auf den Big-Hole-Paß], sechs Tage lang, bis wir ins weite Grasland kamen. Dort trafen wir sie.

Sie kamen zu uns und lehrten uns. Seitdem stirbt unser Volk. Ich glaube, es ist des Lernens zuviel. Sie lehrten uns trinken. Bevor die Schwarzröcke kamen und wir in diesem Tal lebten, war es Brauch, jedes Jahr einen ausgewählten Jungen auf die Spitze des Berges zu schicken – des St.-Maria-Berges. Dort fastete er und machte Medizin für unser Volk. Dann kam er zurück, und wir waren gesund. Mehr brauchten wir damals nicht zu studieren.

Oben auf dem Berg, wo der Junge hinging, da wuchs vor langer Zeit ein Cottonwood-Baum, aber er ist inzwischen gestorben. Mein Vater hat mir davon erzählt. Er hat ihn gesehen. Unter diesem Baum waren viele Kieselsteine. Jeder, der dorthin kam, steckte ein paar Kieselsteine in sein Hemd, um sie ins Tal zu bringen. Aber niemals brachte je einer einen Stein hinab. Sie gingen immer verloren, bevor sie den Fuß des Berges erreichten. Sie konnten nicht weggetragen werden.

Aber in jenen Tagen waren wir glücklich. Dieses Tal war unsere Heimat. Hätten wir nicht denken gelernt, hätte man uns nie von hier vertreiben können.

Häuptling Speckled Snake

Seit der Gründung der Vereinigten Staaten von Amerika wurden die einzelnen Stämme der Indianer wie souveräne Staaten behandelt. Das war der konsequente Grundsatz der Präsidenten Washington, Jefferson und Adams. Unter Andrew Jackson wurde dieser Grundsatz ins Gegenteil verkehrt. Der Präsident gab vor, nicht über genug Macht zu verfügen, um sich gegen die Souveränität der einzelnen Bundesstaaten durchsetzen zu können, d. h. den Indianern wurde damit der Schutz der Bundesregierung von Washington entzogen. Sie wurden auf Gnade oder Ungnade den einzelnen Staaten ausgeliefert, die seit langem auf die Gebiete der Indianer spekulierten. Das hatte zur Folge, daß ein großer Teil der Länder, die den Indianern gehörten, behördlich beschlagnahmt und die Stämme selbst damit gezwungen wurden, in das Indianer-Territorium westlich des Mississippi zu übersiedeln.

Es kam zur Krise, als die Regierung des Staates Georgia 1829 die Macht ihrer Gesetze ausdehnte, um auch den »Staat« der Cherokee-Indianer, die zusammen mit den Creeks einen der sogenannten »Fünf zivilisierten Stämme« bildeten, zu annektieren. Dieses einst mächtige Volk hatte große Fortschritte gemacht, um sich der Zivilisation der Weißen anzupassen, aber ihre fruchtbaren Ländern weckten die Gier der weißen Nachbarn. Um die Rechtmäßigkeit der Besitzansprüche des Staates Georgia zu überprüfen, führten die Cherokees einen Prozeß gegen die Regierung, und 1829 erklärte der Oberste Gerichtshof in Washington, daß der Staat Georgia seine Gerichtsbarkeit nicht auf die Cherokees ausdehnen dürfe. Präsident Jackson aber annullierte das eindeutige Urteil des Obersten Gerichtshofes, indem er erklärte, daß es nicht in seiner Macht stünde, das souveräne Recht des Staates Georgia anzutasten. Damit überließ er die Cherokees, Creeks und andere Indianerstämme des Südens der Willkür der einzelnen Staaten – eine Politik, die zum berüchtigten Removal Act (Umsiedlungs-Gesetz) von 1839 führte, das den schrecklichen »Trail of Tears« (Weg der Tränen) einleitete: die Zwangsumsiedlung der Indianer aus ihren angestammten Ländern in den Westen.

Im Jahre 1830 wurden die Häuptlinge der Creeks zur Verlesung einer Rede von Präsident Jackson vorgeladen, worin Jackson sie eindringlich beschwor, ihre Länder in South Carolina und Georgia aufzugeben und in eine neues Siedlungsgebiet im Westen zu ziehen. Speckled Snake, ein Creek-Häuptling, antwortete auf die Verlesung von Jacksons Rede.

Wo sind die roten Kinder, die er liebt?

Brüder: Ich habe viele Reden unseres großen Vaters gehört. Als er zum ersten Mal über das große Wasser kam, war er nur ein kleiner Mann in einem roten Rock. Unsere Häuptlinge trafen ihn an den Ufern des Savannah-Rivers, und sie rauchten mit ihm die Friedenspfeife. Damals war er sehr klein. Vom langen Sitzen im großen Boot waren seine Beine krumm und lahm, und er bat uns um ein Stück Land, um sich ein Feuer zu machen. Er sagte, er sei über das große Wasser gekommen, um die Indianer neue Dinge zu lehren und sie glücklich zu machen. Er sagte, er liebe seine roten Brüder. Er war sehr freundlich.

Brüder: Die Muskogees gaben dem weißen Mann Land, und sie machten ein Feuer für ihn, so daß er sich wärmen konnte. Und als seine Feinde, die weißen Männer im Süden, ihm den Krieg erklärten, zogen unsere jungen Männer das Tomahawk und schützten seinen Kopf vor dem Skalpiermesser. Aber als sich der weiße Mann am Feuer der Indianer gewärmt und sich an ihrem Mais satt gegessen hatte, wurde er sehr groß. Mit einem einzigen Schritt überstieg er das Gebirge und seine Füße füllten die Täler und Ebenen. Er streckte seine Hände aus und griff nach den Meeren im Osten und im Westen, und sein Kopf ruhte am Mond. Da wurde er unser Großer Vater. Er liebte seine roten Kinder. Und er sagte: »Zieht euch ein wenig zurück, damit ich euch nicht zertrete.« Mit dem einen Fuß schob er den roten Mann über den Oconee, und mit dem anderen stampfte er die Gräber unserer Väter nieder und den Wald, worin wir so lange Rehe gejagt haben. Aber unser Großer Vater liebte noch immer seine roten Kinder. Und bald hielt er uns eine andere Rede. Er sagte: »Zieht euch ein wenig weiter zurück. Ihr seid mir zu nah.« Aber damals gab es ein paar schlechte Männer unter den Muskogees, genau wie heute. Sie blieben bei den Gräbern ihrer Väter, bis sie unter den schweren Füßen unseres Großen Vaters zermalmt wurden. Sie schlugen ihre Zähne in seine Füße, das machte ihn zornig. Aber er liebte noch immer seine roten Kinder. Und als er fand, daß es schwierig sei, sie zu bewegen, schickte er seine Kanonen, um sie aus dem Weg zu fegen.

Brüder: Ich habe sehr viele Reden unseres Großen Vaters gehört, stets aber beginnen und enden sie mit den Worten: »Zieht euch weiter zurück. Ihr seid mir zu nah.«

Brüder: Unser Großer Vater sagt: »Wo ihr jetzt seid, haben die weißen Männer bereits das Land verteilt.« Er spricht mit gerader Zunge, er kann nicht lügen. Als er aber zum ersten Mal über das große Wasser kam, damals, als er noch ein kleiner Mann war und vor dem großen Häuptling beim Rat am Yamacraw Bluff stand, sagte er: »Gebt mir eine Stück Land. Ihr könnt es entbehren, und ich werde es euch bezahlen.«

Brüder: Als unser Großer Vater eine seiner ersten Reden hielt, sagte er: »Geht ein wenig weiter. Geht über den Oconee und über den Okmulgee. Dort ist gutes Land. Und er sagte auch: »Es wird für immer euer sein.« Heute habe ich seinen Worten gelauscht. Er sagt, das Land, worin ihr lebt, gehöre euch nicht. Er sagt: Zieht euch über den Mississippi zurück. Dort ist Wild genug. Dort könnt ihr bleiben, solange Gras wächst und Wasser in den Flüssen fließt.«

Brüder: Wird nicht unser Großer Vater auch dorthin kommen? Er liebt seine roten Kinder. Er liebt seine roten Kinder, und seine Zunge ist nicht gespalten.

Brüder: Unser Großer Vater sagt, unsere schlechten Männer hätten ihm das Herz bluten lassen, weil sie eines seiner weißen Kinder ermordet haben. Wo aber sind die roten Kinder, die er liebt, die einst so zahlreich waren wie Blätter im Wald? Wie viele wurden von seinen Soldaten ermordet? Wie viele wurden unter seinen Füßen zermalmt?

Häuptling Black Hawk

Nach seiner Niederlage in der Schlacht von Bad Axe im Jahre 1832 gegen die Amerikaner mußte sich Black Hawk, der Häuptling der Sauk und Fox, den mit den US-Truppen verbündeten Winnebagos ergeben und wurde als Gefangener nach Prairie du Chien gebracht. Dort hat er, wie berichtet wird, die folgenden Worte an General Street gerichtet.

Häuptling Black Hawk

Thomas Loraine Mckenny, der Chef des Büros für Indianer-Angelegen-
heiten, ließ auf eigene Kosten Porträts indianischer Krieger, Häuptlinge
und Frauen anfertigen, die er in den dreißiger Jahren des 19. Jahrhunderts mit erläuternden Texten veröffentlichte. Dieses Gemälde ist das
einzige Porträt, das von Black Hawk erhalten ist.

Der weiße Mann
vergiftet das Herz

Ihr habt mich mit allen meinen Kriegern gefangengenommen. Mein Herz tut weh, denn ich hoffte, euch zu besiegen. Oder zumindest länger auszuharren, um euch mehr zu schaden. Ich habe alles versucht, um euch in einen Hinterhalt zu locken, doch General Atkinson weiß, wie Indianer kämpfen. So beschloß ich, mich auf euch zu stürzen und Mann gegen Mann zu kämpfen. Ich kämpfte hart, aber eure Gewehre waren gut gezielt. Die Kugeln schwirrten wie Vögel durch die Luft und sausten um unsere Ohren wie der Winterwind in den Bäumen.

Meine Krieger fielen. Es sah schlecht aus. Dieser Tag stand unter einem bösen Zeichen. Morgens stieg leuchtend die Sonne auf, abends ging sie in einer schwarzen Wolke unter und sah aus wie ein Feuerball. Black Hawk wird keine Sonne mehr sehen. Er ist jetzt in den Händen der Weißen. Sie können mit ihm tun, was sie wollen. Aber er wird ihrer Marter standhalten. Er ist kein Feigling.

Black Hawk ist ein Indianer. Er hat nichts

getan, wofür sich ein Indianer schämen müßte. Er kämpfte für sein Land, er kämpfte gegen die Weißen. Jahr um Jahr kamen weiße Männer, um die Indianer zu betrügen und ihr Land zu stehlen. Ihr wißt sehr gut, warum wir diesen Krieg führten. Jeder weiße Mann weiß warum, und er sollte über das, was er tut, beschämt sein. Der Weiße haßt den Indianer und jagt ihn aus seinem Haus. Aber der Indianer betrügt nicht. Der weiße Mann spricht schlecht über den Indianer und blickt ihn gehässig an. Aber Indianer lügen nicht. Indianer stehlen nicht. Ein Indianer, der so schlecht ist wie ein Weißer, dürfte nicht unter uns leben. Wir würden ihn töten und von den Wölfen fressen lassen.

Die Weißen sind schlechte Lehrer. Ihre Blicke sind falsch, ihre Handlungen unaufrichtig. Sie lächeln dem armen Indianer ins Gesicht, um ihn zu betrügen. Sie schütteln ihm die Hand, um sein Vertrauen zu gewinnen, damit sie ihn betrunken machen können, um ihn zu betrügen. Wir haben ihnen gesagt, sie sollen uns in Ruhe lassen und sich fernhalten. Aber sie folgten uns. Sie versteckten sich am Weg, lauernd wie eine aufgerichtete Schlange. Wir waren nicht mehr sicher. Wir lebten in Gefahr. Wir wurden nach und nach wie die Weißen, Heuchler und Lügner, alles Redner und keine Arbeiter.

Wir schauten zum Großen Geist auf. Wir gingen zu unserem Großen Vater in Washington. Man machte uns Hoffnungen. Sein Großer Rat gab uns gute Worte und machte uns große Versprechungen. Aber nichts geschah. Alles wurde noch schlechter. Es gab kein Reh mehr im Wald. Der Biber und das Opossum verschwanden. Die Quellen versiegten, und unser Volk war dem Hungertode nah. Wir beriefen den großen Rat ein und machten ein großes Feuer. Die Geister unserer Väter stiegen auf und befahlen, uns für das Unrecht zu rächen oder zu sterben. Wir stimmten den Kriegsruf an und gruben das Tomahawk aus. Unsere Messer waren bereit, und Black Hawk schwoll das Herz, als er seine Krieger in den Kampf führte. Er ist zufrieden. Er wird zufrieden in die Welt der Geister gehen. Er hat getan, was er mußte. Sein Vater wird ihn dort treffen und loben. Black Hawk ist ein Indianer. Er hat Mitleid mit seiner Frau, seinen Kindern und seinen Freunden, aber um sich selbst sorgt er sich nicht. Sie werden leiden. Er hat Mitleid mit ihnen.

Die Weißen skalpieren nicht die Köpfe ihrer Feinde. Sie tun Schlimmeres. Sie vergiften das Herz. Es ist nicht heilig, was sie tun. Black Hawks Männer werden nicht skalpiert. Aber in ein paar Jahren werden auch sie schlechtere Menschen sein. Sie werden genauso sein wie der weiße Mann. Dann ist ihnen nicht mehr zu trauen. Dann könnt ihr sie nicht mehr verletzen. Dann werden unsere Dörfer genauso sein wie die Siedlungen der Weißen, wo es ebenso viele Offiziere wie Männer gibt, um auf sie aufzupassen und sie zur Ordnung zu zwingen.

Leb wohl, mein Volk. Black Hawk versuchte, euch zu retten und euer Unrecht zu rächen. Er hat das Blut einiger Weißer getrunken. Man hat ihn gefangen und seine Pläne vereitelt. Mehr kann er nicht tun. Sein Ende ist nah. Seine Sonne geht unter und wird nie wieder aufgehen.

Lebe wohl, Black Hawk.

Häuptling Black Hawk

Im Jahre 1837 wurde Black Hawk als besiegter und gedemütigter alter Mann gezwungen, ins Iowa-Reservat zu gehen, wo der Rest seines Stammes unter der Führung seines verabscheuten Feindes und Rivalen Keokuk lebte. Seit 1812 hatte Black Hawk einen jahrzehntelangen, erfolglosen Krieg gegen die Amerikaner geführt, um das angestammte Land seines Volkes in Illinois zu retten – vor allem das schöne Gebiet um den Rock River und den Mississippi mit der heiligen Insel des Stammes. Auf seinem Weg nach Iowa äußerte Black Hawk den Wunsch, Rock Island ein letztes Mal sehen zu dürfen. Sein Wunsch wurde erfüllt, und bei einem Abschiedsessen am Rock River am 4. Juli 1837 hielt Black Hawk seine letzte Rede – eine Rede, deren strahlende Menschenfreundlichkeit nicht nur seinen Rivalen Keokuk, sondern auch seine amerikanischen Besieger mit ihrer Wärme und einfachen Güte einschloß.

Ich danke euch
für eure Freundschaft

Brüder: Es freut den Großen Geist, daß ich heute hier bin. Ich habe mit meinen weißen Freunden gegessen. Die Erde ist unsere Mutter. Wir leben auf ihr. Der Große Geist ist über uns. Das ist gut. Ich hoffe, alle die hier sind, sind meine Freunde.

Vor ein paar Wintern habe ich gegen euch gekämpft. Vielleicht hatte ich unrecht. Aber das ist Vergangenheit. Sie ist begraben. Laßt sie uns vergessen.

Rock River war ein schönes Land. Ich liebte meine Dörfer, meine Kornfelder, ich liebte die Heimat meines Volkes. Ich habe darum gekämpft. Jetzt gehört sie euch. Sorgt für sie, wie wir für sie gesorgt haben. Sie wird euch reiche Ernten bringen.

Ich danke dem Großen Geist, daß ich jetzt mit meinen weißen Brüdern befreundet bin. Hier sind wir vereint. Wir haben zusammen gegessen. Wir sind Freunde. Es ist sein Wunsch und auch der meine. Ich danke euch für eure Freundschaft.

Einst war ich ein großer Krieger. Jetzt bin ich arm. Keokuk hat mich in diese

Lage gebracht. Aber das soll kein Vorwurf sein.

Ich bin jetzt alt. Seit ich ein Junge war, habe ich auf den Mississippi hinausgeschaut. Ich liebe diesen großen Fluß. Seit ich ein Junge war, habe ich an seinen Ufern gelebt. Jetzt schaue ich auf ihn hinaus. Ich reiche euch die Hand. Und weil ich es mir wünsche, hoffe ich, daß ihr meine Freunde seid.

Häuptling Red Bird

Im Frühling des Jahres 1827 wurde eine Gruppe Weißer beim Anzapfen von Ahornbäumen (zur Gewinnung von Ahornsirup) im Reservat der Winnebagos in Illinois von Indianern überrascht. Es kam zu einem Handgemenge, bei dem zahlreiche Weiße getötet wurden. Sofort kam es zur Vergeltung. Mehrere Stammesangehörige der Winnebagos wurden auf der Stelle »exekutiert«. Daraufhin unternahmen die Winnebagos einen Überfall auf Prairie du Chien. Eilig wurden Truppen aufgeboten und, um sein Volk vor der Ausrottung zu retten, ergab sich der Winnebago-Häuptling Red Bird, wohl wissend, daß er verurteilt und hingerichtet werden würde. In weiße Hirschfelle gekleidet, mit einem winzigen ausgestopften roten Vogel auf jeder Schulter, ging er den Regierungstruppen entgegen. Dabei sang er sein Sterbelied.

Das Sterbelied
des Häuptlings Red Bird

Ich bin bereit.
Ich will nicht in Ketten gelegt werden.
Laßt mich frei.
Ich habe mein Leben aufgegeben –
[Er bückt sich, greift nach etwas Staub und
bläst ihn weg.]
– es ist fort wie dieser Staub!
Ich würde es nicht zurücknehmen.
Es ist schon vorbei.

Anmerkungen

[1] Um die Mitte des 19. Jahrhunderts glaubten die Indianer, daß Präsident Washington noch am Leben sei, vielleicht, weil sie den Namen der Stadt mit dem Namen des »regierenden Häuptlings« verwechselten.

[2] Das heißt, der Gouverneur des Territoriums Washington, Isaac Stevens.

[3] Die Indianer glaubten, König Georg III. sei noch auf dem englischen Thron, vielleicht deshalb, weil die Hudson-Bay-Händler sich ihnen gegenüber als »König Georgs Männer« bezeichneten. Auf jeden Fall wurde dieser Irrtum von der Hudson Bay Company kräftig unterstützt, in der Annahme, daß die Indianer die Untertanen einer *Königin* (Victoria) niemals respektieren würden.

[4] Ein Hinweis auf den »Oregon-Kompromiß« von 1846, der die Grenzen zwischen den USA und British Columbia neu festlegte.

[5] Die Haida-Indianer lebten auf der Queen-Charlotte-Insel (British Columbia) und auf dem südlichen Teil der Prince-of-Wales-Insel (Alaska). Die Tsimshians lebten auf den benachbarten Inseln und auf dem Küstenstreifen.

[6] Gemeint ist William Tyler, der Bruder von Präsident John Tyler (1841-45), der in dieser Zeit zu einem der Choctaw-Beauftragten ernannt wurde.

[7] Gemeint sind damit die Spanier in Florida.

Zur Geschichte der Fälschung der Rede von Häuptling Seattle

Da William Arrowsmith mit der Fälschung im Zusammenhang gebracht und sein Name gröblich mißbraucht worden ist, muß hier ausführlich darauf eingegangen werden:

In der Ausgabe der Seattle-Rede des Walter-Verlages[1] steht auf Seite 38 der irreführende Hinweis: »Der Text dieser Ausgabe basiert auf einer vom amerikanischen Dichter William Arrowsmith adaptierten Fassung der Originalrede. Die Übersetzung besorgte die Dedo Weigert Film GmbH, München...«

Diese Verfälschung der Rede, die Häuptling Seattle als den Urgroßvater der ökologischen Bewegung darstellt, voll von sprachlichen Plattheiten und sachlichen Fehlern (zum Beispiel »Ich habe tausend verrottende Büffel gesehen«, »Was gibt es schon im Leben, wenn man nicht den Schrei des Ziegenmelkers hören kann...« – In Seattles Gebiet gab es weder Büffel noch Ziegenmelker!), etwa doppelt so lang wie die im *Seattle Sunday Star* 1887 erschienene Fassung von Dr. Henry A. Smith und die rekonstruierte Version von William Arrowsmith, ist das Machwerk der amerikanischen Southern Baptist Convention. Wie ist es dazu gekommen und wie wurde William Arrowsmith' Name mit der Fälschung in Verbindung gebracht?

1969 veröffentlichte Arrowsmith seine Version der Rede Seattles erstmals in der Zeitschrift *Arion – A Journal of Humanities and the Classics*[2]. Das ist genau der Text,

[1] *Wir sind ein Teil der Erde* Die Rede des Häuptlings Seattle vor dem Präsidenten der Vereinigten Staaten von Amerika im Jahre 1855, Olten 1984 (8. Auflage).

[2] Vol. 8, No. 4, Winter 1969, Austin, University of Texas Press, pp. 10-11.

der mit dieser Edition erstmals auf Deutsch in Buchform vorgelegt wird. Arrowsmith' Arbeitsmethode zur Herstellung des Textes wird von ihm im einführenden Kommentar zur Rede Seattles ab Seite 15 erläutert.

Beeindruckt von der dichterischen Kraft, bat der Regisseur und Professor für Filmkunst Ted Perry (damals Kollege von William Arrowsmith an der University of Texas) um Erlaubnis, Arrowsmith' Version der Rede als Grundlage für ein Filmskript verwenden zu dürfen. Arrowsmith war mit einer Bearbeitung durch Ted Perry grundsätzlich einverstanden. So entstand der Film *Home*, der 1972 mit großem Erfolg in den USA ausgestrahlt und später auch in Deutschland unter dem Titel *Söhne der Erde* gezeigt wurde.

Der Text des Filmskripts wurde jedoch nach dem Schnitt des Films vom Produzenten, der Southern Baptist Convention, ohne Wissen des Regisseurs und ohne Wissen und Einwilligung von William Arrowsmith – der nie das Filmskript zu Gesicht bekommen hat – umgearbeitet und mit ökologischem Gedankengut aufgebauscht.[1] Doch damit nicht genug: Als Urheber dieser teils erfundenen Version wurde – vermutlich um die Echtheit und Seriosität des Textes vorzuspiegeln – der Name von William Arrowsmith hinzugefügt mit der weiteren unwahren Behauptung, es handele sich bei diesem Text um den Teil eines Briefes von Seattle an Präsident Franklin Pierce. Aufgrund des weltweiten Erfolges des Films wurde auch der Text des Filmskripts, die »Öko«-Rede Seattles, in alle Welt verkauft. Im deutschsprachigen Raum ist er unter dem schon genannten Titel *Wir sind ein Teil der Erde* verbreitet. In Schweden wurde der Sachverhalt inzwischen richtiggestellt, die »Öko«-Version als Fälschung entlarvt, der Öffentlichkeit bekanntgemacht und William Arrowsmith rehabilitiert. Denn zweifellos hatte die unter seinem Namen in zahlreichen amerikanischen und europäischen

---

[1]   Ted Perry zufolge stammen etwa 50 % des Textes von den Baptisten. (Brief vom 11. Nov. '83 an Rudolph Kaiser).

Zeitschriften abgedruckte Verfälschung negative Auswirkungen auf seinen Ruf als seriöser Literaturwissenschaftler der USA.

Um auch im deutschsprachigen Raum endlich Klarheit zu schaffen, wies ich im April '83 den Walter-Verlag auf die Verfälschung der Rede und die deshalb widerrechtliche Verwendung des Namens Arrowsmith ihn – bisher ohne Erfolg, denn das mir vorliegende Exemplar der 1984 erschienenen 8. Auflage von *Wir sind eine Teil der Erde* bringt den Hinweis in unkorrigierter Form.

Als nächstes schrieb ich einen Artikel in der Gartenzeitschrift *Kraut & Rüben* ([1] worin ich den Sachverhalt knapp darstellte und auch den Text der Arrowsmithschen Fassung (in meiner Übersetzung) erstmals im deutschen Sprachraum bekannt machte.

Etwa zur gleichen Zeit schloß auch Rudolph Kaiser seine detaillierte Studie über den abenteuerlichen Weg der Rede Seattles ab.[2]

Die Fakten waren also inzwischen auch in der BRD bekannt. Kurz vor Fertigstellung dieses Buches aber legten Anna Pytlik und Rolf Gehlen unter dem Titel *Mit der Wahrheit auf Kriegsfuß*[3] ihre Untersuchung über die Verfälschung vor, worin William Arrowsmith als *der Fälscher* der Rede Seattles dargestellt wird. Ein Beispiel aus diesem wissenschaftlich nicht korrekt recherchierten Artikel: »Der Arrowsmith-Text erfuhr 1972 eine weitere Veränderung durch die Southern Baptist Convention. Die Variante lehnt sich aber weitgehend an Arrowsmith' Vorlage an und weicht nur geringfügig von dieser ab. Beide Texte haben mit der Smith-Version so gut wie nichts mehr gemein . . .«[4]

Diese Behauptung ist völlig aus der Luft gegriffen. Die

[1] Nr. 1, März '84, Orac-Verlag, Wien, S. 78-83.
[2] Chief Seattle's Speech(es), American Origins and European Reception – Almost a Detective Story –. Dieser Bericht wurde bei der Biennial Conference der »European Association for American Studies« im April 1984 in Rom vorgelegt.
[3] Zeitschrift natur, Nr. 7, Juli 1984, München, S. 77-83.
[4] Zeitschrift natur, Nr. 7, Juli 1984, München, S. 77-78.

Autoren haben ganz offensichtlich nie die unverfälschte Fassung von William Arrowsmith zu Gesicht bekommen. Sie führen beispielsweise folgende Textstellen aus der Walther-Ausgabe als Arrowsmith-Version an:

»Die felsigen Höhen, die saftigen Wiesen, die Körperwärme des Ponys – und des Menschen – sie alle gehören zur gleichen Familie.«/ »Ich bin ein Wilder und verstehe es nicht anders.«/ »Ich bin ein Wilder und kann nicht verstehen, wie das qualmende Eisenpferd wichtiger sein soll als der Büffel...«/ »... und der Anblick reifer Hügel geschändet von redenden Drähten –...«

Man mag vergleichen, ob die Behauptung von Pytlik und Gehlen stimmt. Der erste *Natur*-Artikel *Mit der Wahrheit auf Kriegsfuß* hat den »Fall Seattle« nicht geklärt, sondern ihn leider noch verworrener gemacht. Mit einem zweiten Artikel im Herbst 1984 konnte ich den Sachverhalt klären.

M. K.

Bildnachweis

Häuptling Seattle
mit freundlicher Genehmigung der University of Washington

Medizinmann Smohalla
mit freundlicher Genehmigung der Smithsonian Institution, National Anthropological Archives

Häuptling Sitting Bull
mit freundlicher Genehmigung des Western History Departements, Denver Public Library

Häuptling Captain Jack
mit freundlicher Genehmigung der National Archives

Häuptling Red Cloud
mit freundlicher Genehmigung des W. H. Over Museums

Häuptling Powhatan
der Inhaber der Rechte war nicht zu ermitteln. Wir bitten ggf. um Nachricht

Häuptling Moisé
mit freundlicher Genehmigung von Charles R. Reynolds, Jr.

Häuptling Black Hawk
mit freundlicher Genehmigung von Sergius Golowin. Das Porträt stammt aus seinem Buch INDIANER – Portraits & Mythen, Abi Melzer Verlag, Dreieich, 1981.

BÜCHER FÜR DEN WEG

David Steindl-Rast

Fülle und Nichts

Die Wiedergeburt christlicher Mystik

Goldmann

12001

Hubertus Mynarek

Ökologische Religion

Ein neues Verständnis der Natur

Goldmann

12005

Robert Muller

Planet der Hoffnung

Wege zur Weltgemeinschaft

Goldmann

12006

Leopold Kohr

Die über- entwickelten Nationen

Rückbesinnung auf die Region

Goldmann

12007

GOLDMANN

BÜCHER FÜR DEN WEG

Alexander Buschenreiter

Unser Ende ist Euer Untergang

Die Botschaft der Hopi und anderer US-Indianer an die Welt

Goldmann

12009

Michael von Brück (Hrsg.)

Dialog der Religionen

Bewußtseinswandel der Menschheit

Goldmann

12010

Vine Deloria

Nur Stämme werden überleben

Indianische Vorschläge für eine Radikalkur des wildgewordenen Westens

Goldmann

12012

Yann Daniel

Die Heiligen vom Ende der Welt

Bretonische Mythen

Goldmann

12013

GOLDMANN

AUSGEWÄHLTE TEXTE

ALBERT EINSTEIN
AUSGEWÄHLTE TEXTE

8436

ERASMUS VON ROTTERDAM
AUSGEWÄHLTE TEXTE

8434

FRIEDRICH DER GROSSE
AUSGEWÄHLTE TEXTE

8438

KHALIL GIBRAN
AUSGEWÄHLTE TEXTE
DAS KHALIL GIBRAN LESEBUCH

8432

MARTIN LUTHER KING
AUSGEWÄHLTE TEXTE
HERAUSGEGEBEN VON CORETTA SCOTT KING

8431

LAO-TSE
AUSGEWÄHLTE TEXTE

8435

MAHATMA GANDHI
AUSGEWÄHLTE TEXTE
RICHARD ATTENBOROUGH (Hrsg)

6577

PRENTICE MULFORD
AUSGEWÄHLTE TEXTE

8433

RAMA KRISHNA
AUSGEWÄHLTE TEXTE

8437

GOLDMANN

AUSGEWÄHLTE TEXTE

Goldmann
Taschenbücher
Informativ · Aktuell
Vielseitig · Unterhaltend

Allgemeine Reihe · Cartoon
Werkausgaben · Großschriftreihe
Reisebegleiter
Klassiker mit Erläuterungen
Ratgeber
Sachbuch · Stern-Bücher
Indianische Astrologie
Grenzwissenschaften/Esoterik · New Age
Computer compact
Science Fiction · Fantasy
Farbige Ratgeber
Rote Krimi
Meisterwerke der Kriminalliteratur
Regionalia · Goldmann Schott
Goldmann Magnum
Goldmann Original

Goldmann Verlag · Neumarkter Str. 18 · 8000 München 80

Bitte
senden Sie
mir das neue
Gesamtverzeichnis

Name _____

Straße _____

PLZ/Ort _____